付録 とりはずしてお使いください。

漢字おさらいドリル

前学年で習った漢字

5年生で習った漢字を復習しましょう！

もくじ

6年　　組

1 あ行の漢字　圧・囲・移・因・永・営・衛・易・益・液・演・応・往・桜
か行の漢字①　可・仮・価・河・過・快・解・格・確・額・刊

／100

テストによくでる1位《い》

1 ――線の読みがなを書こう。

一つ3点(30点)

① 雲ひとつない快晴。（　　）
② 食品の衛生を保つ。（　　）
③ 河岸の風景を写生する。（　　）
④ 熱が出て額を冷やす。（　　）
⑤ 仮に住む家。（　　）
⑥ 今年の暑さは格別だ。（　　）
⑦ 確信してうたがわない。（　　）
⑧ 習ったことを応用する。（　　）
⑨ 海底は水圧がかかる。（　　）
⑩ 頭囲をはかる。（　　）

2 □に合う漢字を書こう。

一つ2点(40点)

① □□《ようい》にかたづく問題。
② □□《りえき》を計算する。
③ 不安が□□《かいしょう》される。
④ □□《きんがく》を計算する。
⑤ 川の□□《かこう》に港がある。
⑥ 駅まで□□《おうふく》する。

3 次の――線を、漢字と送りがなで書こう。

一つ3点(30点)

① 簡《かん》単でやさしい宿題。（　　）
② 期待にこたえる結果。（　　）
③ 新しい土地にうつる。（　　）
④ 周りをかこむ。（　　）
⑤ 雪がとける。（　　）

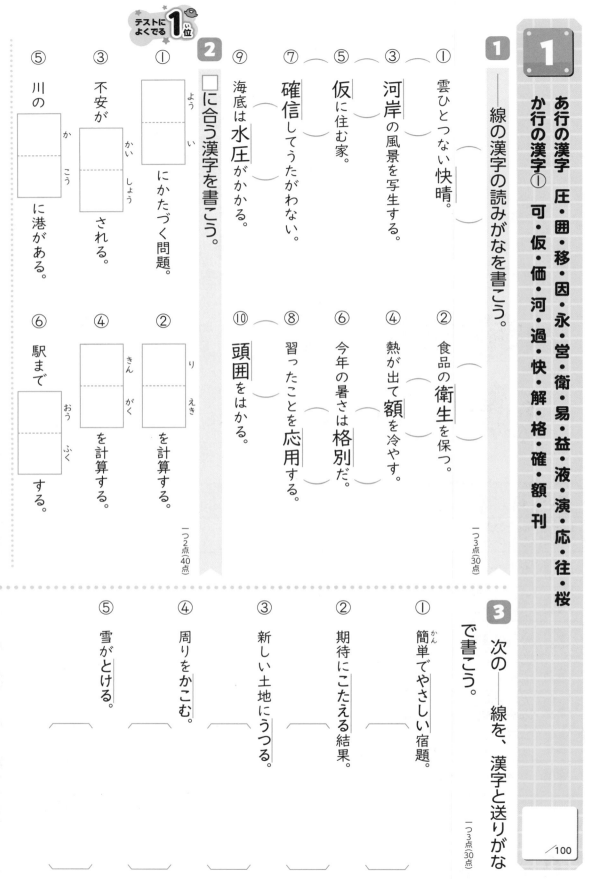

テストによくでる2位《い》

⑦ □《えいえん》に変わらないもの。

⑧ 男子体そうの□《えんぎ》。

⑨ 運動場に□《いどう》する。

⑩ 失敗の□《げんいん》を考える。

⑪ □《かこ》をふり返る。

⑫ □《かのうせい》の高い方法。

⑬ □《えきたい》を器《うつわ》に入れる。

⑭ □《かめん》をつける。

テストによくでる3位《い》

⑮ 二十四時間□《えいぎょう》の店。

⑯ □《か》値《ち》のある勝利。

⑰ 公園の□《さくら》がさく。

⑱ 父が□《ゆうかん》を読む。

⑲ 楽器を□《ほんかくてき》に習う。

⑳ □《こうえきひん》を運ぶ。

⑥ 末ながく幸せに暮《く》らす。（　　）

⑦ 商売をいとなむ。（　　）

⑧ 事実をたしかめる。（　　）

⑨ 海からこころよい風がふく。（　　）

⑩ 季節が早くすぎる。（　　）

2 か行の漢字②

幹・慣・眼・紀・基・寄・規・喜・技・義・逆・久・旧・救・居・許・境・均・禁・句・型・経・潔・件・険・検・限・現

／100

1 ――線の読みがなを書こう。 一つ3点（30点）

① 体育で持久走をする。（　　）
② 原型をとどめない。（　　）
③ 新幹線に乗る。（　　）
④ 会って用件を伝える。（　　）
⑤ 機械の点検をする。（　　）
⑥ 観察眼を養う。（　　）
⑦ 旧式の機械。（　　）
⑧ 限定品を手に入れる。（　　）
⑨ 逆境に負けない強さ。（　　）
⑩ 演技にみがきをかける。（　　）

テストによくでる1位《い》

2 □に合う漢字を書こう。 一つ2点（40点）

① □《き》□《しゅく》学校に入る。
② □《とっ》□《きょ》をとる。
③ すばらしい□《けい》□《けん》をする。
④ 学校の□《き》□《そく》を守る。
⑤ □《き》□《こう》□《ぶん》を読む。
⑥ 新聞を読む□《しゅう》□《かん》。

3 次の――線を、漢字と送りがなで書こう。 一つ3点（30点）

① 風にさからって歩く。（　　）
② ひさしぶりに会う人。（　　）
③ 失敗をゆるす。（　　）
④ いい知らせによろこぶ。（　　）
⑤ 寒さに体をならす。（　　）

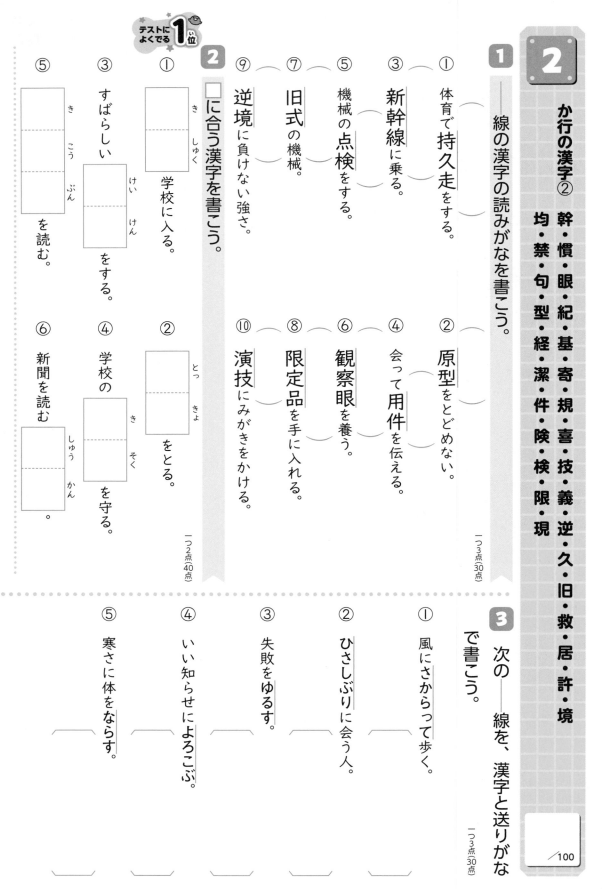

テストによくでる2位

⑦ 国と国の□《さかい》の川。

⑧ □□《せいぎ》の味方。

⑨ □□《きほん》から学ぶ。

⑩ 高さを□□《きんとう》にする。

⑪ 進入□□《きんし》の標識。

⑫ 木の□《みき》から皮をとる。

⑬ □□《せいけつ》な服を着る。

⑭ 新学期の前に□□《てんきょ》する。

テストによくでる3位

⑮ 生命□□《ほけん》に入る。

⑯ □□□《きゅうきゅうしゃ》をよぶ。

⑰ □□《きげん》を定める。

⑱ 試合に□□《ぎゃくてん》勝ちした。

⑲ 計画が□□《じつげん》する。

⑳ 文章に□□《くてん》を打つ。

---

⑥ けわしい山道を登る。

⑦ 使用する目的をかぎる。

⑧ 信頼《らい》をよせる。

⑨ 雲から太陽があらわれる。

⑩ 永い時をへる。

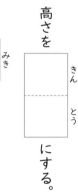

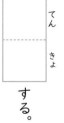

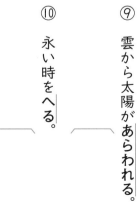

3 か行の漢字③ さ行の漢字①

減・故・個・護・効・厚・耕・航・鉱・構・興・講・告・混

査・再・災・妻・採・際・在・財・罪・殺・雑・酸・賛・士・支・史・志・枝

／100

1 ――線の漢字の読みがなを書こう。

一つ3点(30点)

① 雑木林を散歩する。（　　）

② この町の名士。（　　）

③ 講堂に集合する。（　　）

④ 冷たい炭酸ジュース。（　　）

⑤ 航海をはじめる。（　　）

⑥ 息を殺して見守る。（　　）

⑦ 史実にもとづく物語。（　　）

⑧ いたみが軽減される。（　　）

⑨ 細い枝道に分かれる。（　　）

⑩ 新興国の発展《てん》。（　　）

テストによくでる1位《い》

2 □に合う漢字を書こう。

一つ2点(40点)

① 男女 □《こん》□《ごう》 のチーム。

② □《よう》□《ご》 学校の先生。

③ □《じつ》□《ざい》 の人物。

④ テストの □《さい》□《てん》 をする。

⑤ 朝顔に □《し》□《ちゅう》 を立てる。

⑥ □《い》□《し》 の強い人物。

3 次の――線を、漢字と送りがなで書こう。

一つ3点(30点)

① 終わりの時間をつげる。（　　）

② 作家をこころざす。（　　）

③ 私《わたし》はふたたび外出した。（　　）

④ 予定より人数がへる。（　　）

⑤ 良くきく薬を飲む。（　　）

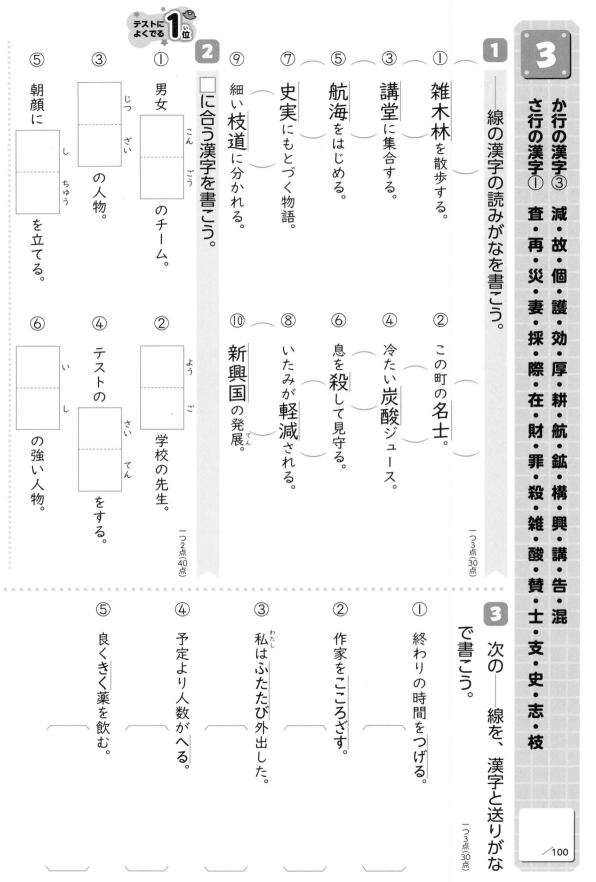

テストによくでる2位《い》

⑦ □□《こくさい》会議に出席する。

⑨ 意見に□□《さんせい》する。

⑪ □□《さいがい》から身を守る。

⑬ □□《じこ》に備える。

⑧ 音楽に□□《きょうみ》がある。

⑩ □□《こうさく》に適した土地。

⑫ チームを□□《こうせい》する人々。

⑭ 金は□□《こうぶつ》の一種だ。

テストによくでる3位《い》

⑮ 友との□□《さいかい》を喜ぶ。

⑰ □□□《ぶんかざい》に指定する。

⑲ 必要な□□《こすう》をそろえる。

⑯ □□《ざいにん》を取りしまる。

⑱ 湖の□□《ちょうさ》を行う。

⑳ やさしい□《つま》。

⑥ 山菜を<u>とり</u>に行く。（　　）

⑦ 絵の具を<u>まぜる</u>。（　　）

⑧ <u>あつい</u>本を読む。（　　）

⑨ 春に畑を<u>たがやす</u>。（　　）

⑩ 新しく店を<u>かまえる</u>。（　　）

4 さ行の漢字②

師・資・飼・示・似・識・質・舎・謝・授・修・述・術
準・序・招・証・象・賞・条・状・常・情・織・職・制

／100

1 ――線の漢字の読みがなを書こう。

一つ3点(30点)

① 的に照準を合わせる。（　　）
② 学校の職員室。（　　）
③ 体質が変わる。（　　）
④ よい印象をもつ。（　　）
⑤ 音楽会に招待される。（　　）
⑥ 順序を立てて考える。（　　）
⑦ 手術が成功する。（　　）
⑧ 仕事の指示をする。（　　）
⑨ 母の似顔絵をかく。（　　）
⑩ 医師になるための大学。（　　）

テストによくでる1位《い》

2 □に合う漢字を書こう。

一つ2点(40点)

① 屋根を□《しゅう》□《り》する。
② □《しょう》□《きん》をかく得する。
③ □《し》□《かく》を取得する。
④ □《そ》□《しき》が全国に広がる。
⑤ 体育の□《じゅん》□《び》体そう。
⑥ □《じょう》□《けん》を整える。

3 次の――線を、漢字と送りがなで書こう。

一つ3点(30点)

① かい犬に手をかまれる。（　　）
② 学業をおさめる。（　　）
③ 方向をしめす。（　　）
④ 会議で意見をのべる。（　　）
⑤ 友人を家にまねく。（　　）

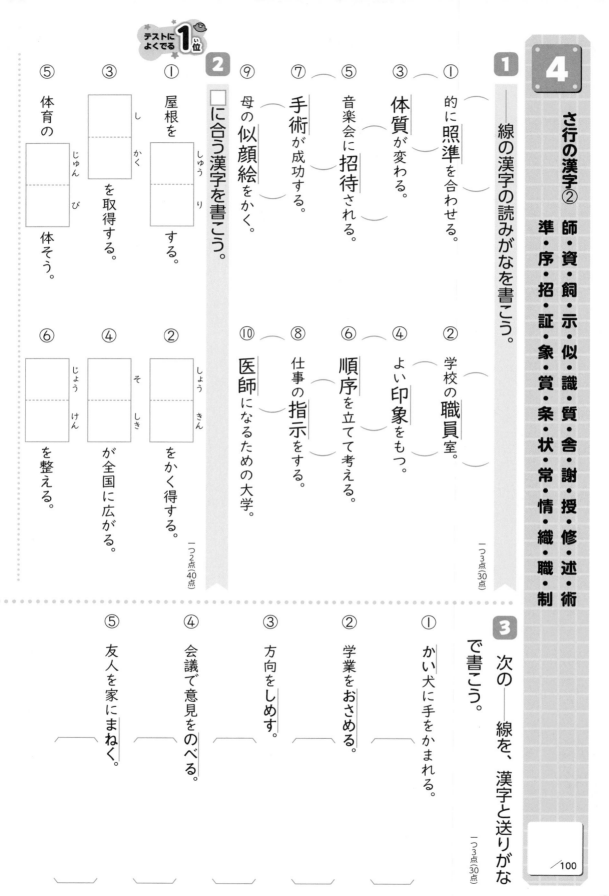

テストによくでる2位《い》

⑦ □□《ひょうじょう》が明るくなる。

⑧ □□《じゅぎょう》では静かにする。

⑨ 球のような□□《けいじょう》。

⑩ □《つね》に冷静な人。

⑪ 新しい□□《ちしき》を得る。

⑫ 先生に□□《しつもん》をする。

⑬ 身分を□□《しょうめい》する。

⑭ 国の□□《せいど》を定める。

テストによくでる3位《い》

⑮ □□《かんしゃ》の気持ちを伝える。

⑯ 正門から□□《こうしゃ》へ歩く。

⑰ 牛や馬を□□《しいく》する。

⑱ 良い□□《きょうし》になる。

⑲ あこがれの□□《しょくぎょう》。

⑳ 長い物語の□□《じょしょう》。

⑥ 家で犬をかう。（　　　）（　　　）

⑦ なさけ深い人物。（　　　）（　　　）

⑧ 子供《ども》は親ににる。（　　　）（　　　）

⑨ かわった形のまねきねこ。（　　　）（　　　）

⑩ 美しい布をおる。（　　　）（　　　）

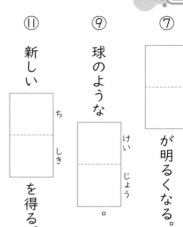

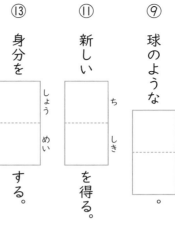

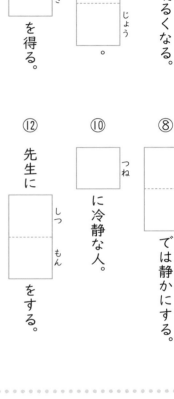

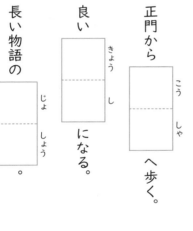

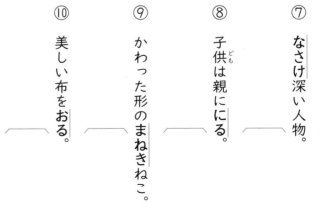

テストによくでる1位《い》

5 さ行の漢字③ 性・政・勢・精・製・税・責・績・接・設・絶・祖・素・総・造・像・増・則・測・属・率・損　た行の漢字① 貸

／100

1 ――線の漢字の読みがなを書こう。 一つ3点(30点)

① 将《しょう》来は政治家を目指す。（　　）

② 総合で一位をとる。（　　）

③ 自画像をえがく。（　　）

④ 鉄は金属である。（　　）

⑤ 算数で円周率を習う。（　　）

⑥ 大勢で観戦する。（　　）

⑦ 体力を測定する。（　　）

⑧ いすを製作する。（　　）

⑨ 部屋に造花をかざる。（　　）

⑩ 祖父はとても元気だ。（　　）

2 □に合う漢字を書こう。 一つ2点(40点)

① ビルの□□《せっけい》をする。

② □□《せいりょく》が広がる。

③ 部品を□□《せいぞう》する。

④ 検査の□□《せいど》を高める。

⑤ 国家□□《ざいせい》の見通し。

⑥ 人口が□□《ぞうか》する。

3 次の――線を、漢字と送りがなで書こう。 一つ3点(30点)

① 風のいきおいが強い。（　　）

② 特別に席をもうける。（　　）

③ 建物をつくる。（　　）

④ チームをひきいて勝つ。（　　）

⑤ 自分の失敗をせめる。（　　）

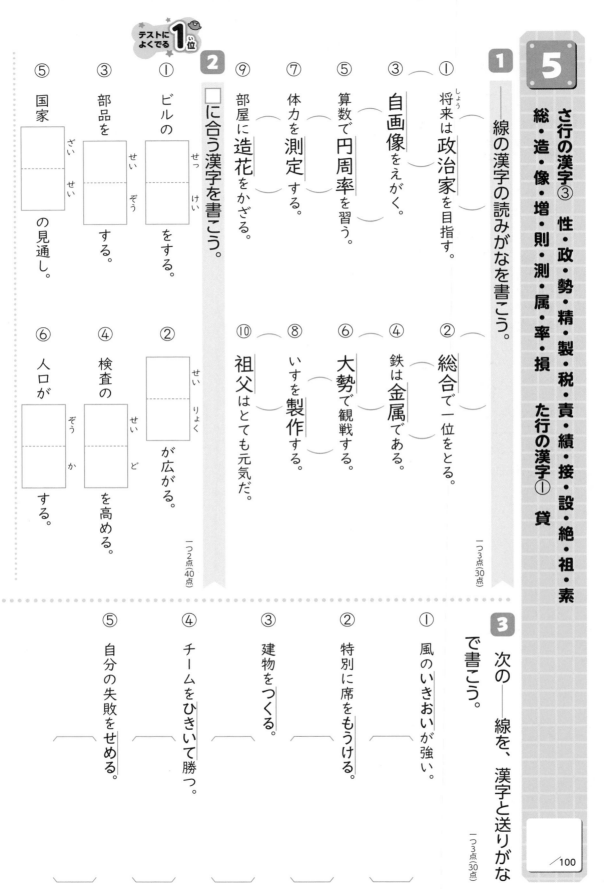

テストによくでる2位《い》

⑦ 算数の［　　］《せいせき》が上がる。

⑧ ［　　］《ぜったい》に忘《わす》れない。

⑨ 音楽の［　　］《そしつ》がある。

⑩ 船が岸に［　　］《せっきん》する。

⑪ ［　　］《せきにん》のある仕事。

⑫ ［　］《そん》して得取れ。

⑬ ［　　］《きそく》を守る。

⑭ ［　　］《ちせい》あふれる人。

テストによくでる3位《い》

⑮ ［　　］《ぜいきん》をおさめる。

⑯ ［　　］《がぞう》を見比べる。

⑰ 人類の［　　］《そせん》。

⑱ クラブに［　　］《しょぞく》する。

⑲ 天体［　　］《かんそく》をする。

⑳ 生徒［　　］《そうかい》を開く。

---

⑥ 友人に本をかす。（　　）

⑦ 参加人数がふえる。（　　）

⑧ 身長をはかる。（　　）

⑨ 消息をたつ。（　　）

⑩ 塩であまさがます。（　　）

6 た行の漢字② 態・団・断・築・貯・張・停・提・程・適・統・堂・銅・導・得・毒・独 な行の漢字 任・燃・能 は行の漢字① 破・犯・判・版・比・肥・非・費・備・評

／100

1 ―線の漢字の読みがなを書こう。

一つ3点(30点)

① 意見の統一をはかる。（　　）

② 評判の良い本。（　　）

③ ガスを燃料にする。（　　）

④ 独り言を言う。（　　）

⑤ チームで団結して戦う。（　　）

⑥ 小説を読破する。（　　）

⑦ 先生が生徒を導く。（　　）

⑧ 予備の用意をする。（　　）

⑨ 堂々としたふるまい。（　　）

⑩ 畑に肥料をまく。（　　）

テストによくでる1位《い》

2 □に合う漢字を書こう。

一つ2点(40点)

① 彫刻刀《ちょうこくとう》で□□《はんが》をほる。

② □□《ひれい》するお金と時間。

③ 旅行の□□《にってい》が決まる。

④ バスが□□《ていしゃ》する。

⑤ □□《たいど》を改める。

⑥ 伝記を□□《しゅっぱん》する。

3 次の―線を、漢字と送りがなで書こう。

一つ3点(30点)

① 災害にそなえる。（　　）

② 大きさをくらべる。（　　）

③ テントをはる。（　　）

④ 申し出をことわる。（　　）

⑤ 大事な役目をまかせる。（　　）

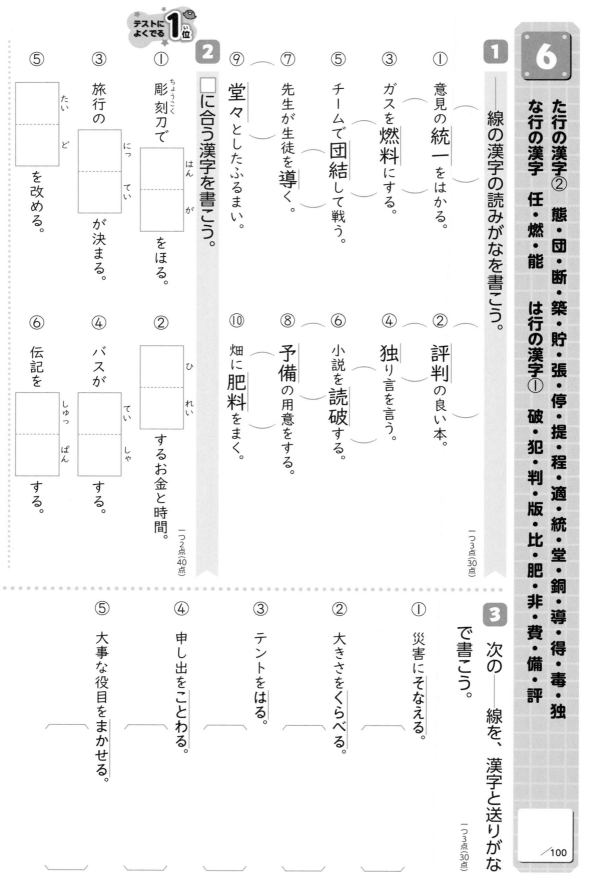

テストによくでる2位《い》

⑦ お年玉を□□《ちょきん》する。

⑧ 課題を□□《ていしゅつ》する。

⑨ 実現が□□《かのう》な計画。

⑩ □□□《ひじょうぐち》をさがす。

⑪ 議長に□□《にんめい》される。

⑫ 気候の変化に□□《てきおう》する。

⑬ □□《どくりつ》への道を進む。

⑭ □□《はんざい》を防止する。

テストによくでる3位《い》

⑮ 委員長が□□《けつだん》を下す。

⑯ 三位の□《どう》メダルをもらう。

⑰ □□《しんちく》の家に住む。

⑱ 多くの時間を□□《しょうひ》する。

⑲ 父が□□《しゅっちょう》から帰る。

⑳ □□《どくぶつ》をあつかう仕事。

⑥ 紙をやぶる。（　　）

⑦ 山に城をきずく。（　　）

⑧ 今日はもえるゴミの日。（　　）

⑨ 多くの友人をえる。（　　）

⑩ 牧場の牛がこえる。（　　）

7 は行の漢字② 貧・布・婦・武・復・複・仏・粉・編・弁・保・墓・報・豊・防・貿・暴 ま行の漢字 脈・務・夢・迷・綿 や行・ら行の漢字 輸・余・容・略・留・領・歴

／100

1 ——線の漢字の読みがなを書こう。

一つ3点(30点)

① 野球に夢中になる。（　　）
② 国語の復習をする。（　　）
③ 木に仏の像を彫《ほ》る。（　　）
④ 領地を得る。（　　）
⑤ 婦人会の会合。（　　）
⑥ 消防車が走る。（　　）
⑦ 墓前に花をそなえる。（　　）
⑧ 武士の情け。（　　）
⑨ 遠足で弁当を食べる。（　　）
⑩ 台風の暴風雨。（　　）

2 □に合う漢字を書こう。

テストによくでる1位《い》

一つ2点(40点)

① 国民の□《ぎ》□《む》を果たす。
② □《ぼう》□《えき》を再開する。
③ トラックで□《ゆ》□《そう》する。
④ たんぽぽの□《わた》□《げ》を吹《ふ》く。
⑤ 国の□《れき》□《し》を学ぶ。
⑥ □《ふく》□《すう》の意見が出る。

3 次の——線を、漢字と送りがなで書こう。

一つ3点(30点)

① 自分の役割《わり》をつとめる。（　　）
② ふと目にとまる。（　　）
③ どちらを選ぶかまよう。（　　）
④ 人数分よりあまる。（　　）
⑤ 嵐《あらし》で海があばれる。（　　）

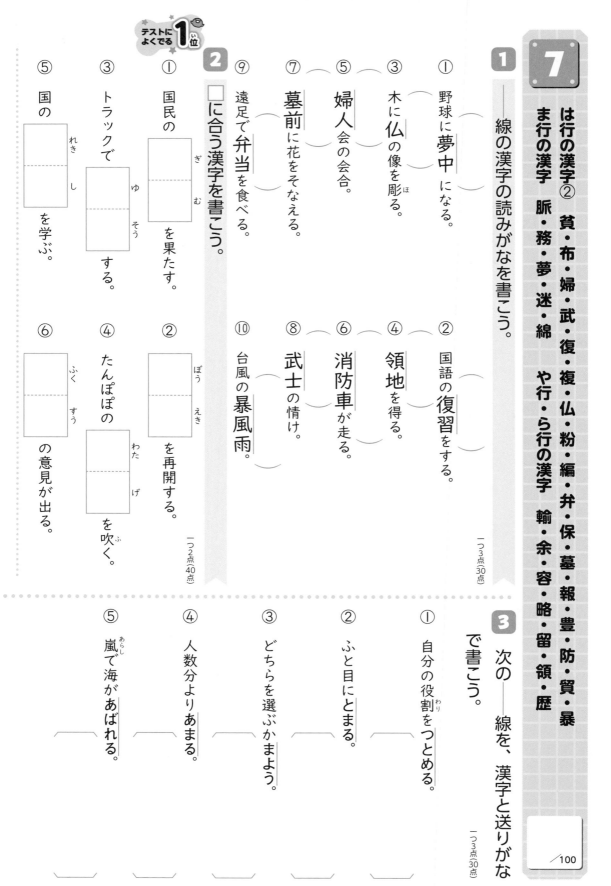

テストによくでる2位《い》

⑦ 良い結果を□□《ほうこく》する。

⑧ プリントを□□《はいふ》する。

⑨ □《めん》でできたシャツ。

⑩ 説明を□□《しょうりゃく》する。

⑪ □□□《こむぎこ》を練る。

⑫ 大切に□□《ほかん》する。

⑬ 絵の□□《よはく》に色をぬる。

⑭ 険しい□□《さんみゃく》。

テストによくでる3位《い》

⑮ □□《ちょうへん》の小説を読む。

⑯ 外国に□□《りゅうがく》する。

⑰ □《ぬの》から服を作る。

⑱ □《ゆめ》をかなえる努力。

⑲ □□《ないよう》を理解する。

⑳ 先祖代々の□《はか》。

⑥ ゆたかな生活をおくる。

⑦ まずしい国に寄付をする。

⑧ 水の浸《しん》入をふせぐ。

⑨ セーターをあむ。

⑩ 健康をたもつ。

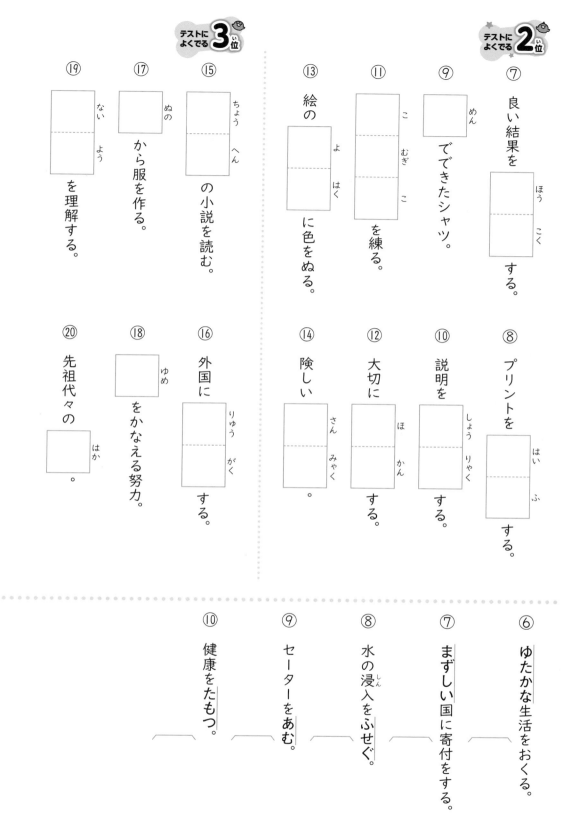

8 五年生で習った漢字

1 ――線の漢字の読みがなを書こう。 一つ2点(16点)

① 木の幹を材料にする。（　　）

② ビルを転居する。（　　）

③ 全国的な組織に成長する。（　　）

④ 物語の序章にすぎない。（　　）

⑤ 貿易を黒字にする。（　　）

⑥ 余白を十分にとる。（　　）

⑦ 毎日営業する。（　　）

⑧ 原因を調べる。（　　）

2 □に合う漢字を書こう。 一つ3点(24点)

① 税金を□《けい》□《げん》する。

② □《たん》□《さん》ジュースを飲む。

4 次の――線を、漢字と送りがなで書こう。 一つ4点(40点)

① スポーツ選手をこころざす。（　　）

② 商売をいとなむ。（　　）

③ こころよい返事をもらう。（　　）

④ 新しい土地にうつる。（　　）

⑤ 自分の考えをのべる。（　　）

／100

③ □□《むちゅう》で取り組む。

④ □□《ぶし》の情け。

⑤ □□《べんとう》を食べる。

⑥ □□《よび》のパーツを使う。

⑦ 畑に□□《ひりょう》をまく。

⑧ □□《たいしつ》が変化する。

3 （　）に入る言葉を下から選んで書こう。 一つ5点(20点)

①（　　）お茶を飲む。｛熱い・暑い・厚い｝

② 長い夜が（　　）。｛空ける・開ける・明ける｝

③ 大きなビルが（　　）。｛立つ・建つ・絶つ｝

④ 勉強に（　　）。｛努める・務める｝

⑥ 特別に席をもうける。（　　）

⑦ チームのいきおいが増す。（　　）

⑧ 相手の失敗をせめる。（　　）

⑨ 大きさをくらべる。（　　）

⑩ 災害にそなえる。（　　）

答え

1 2・3ページ

1
①かいせい ②えいせい
③かわぎし ④ひたい
⑤かり ⑥かくべつ
⑦かくしん ⑧おうよう
⑨すいあつ ⑩とうい

2
①容易 ②利益 ③解消 ④金額
⑤河口 ⑥往復 ⑦永遠 ⑧演技
⑨移動 ⑩原因 ⑪過去 ⑫可能性
⑬液体 ⑭仮面 ⑮営業 ⑯価
⑰桜 ⑱夕刊 ⑲本格的 ⑳交易品

3
①易しい ②応える ③移る ④囲む
⑤解ける ⑥永く ⑦営む
⑧確かめる ⑨快い ⑩過ぎる

2 4・5ページ

1
①じきゅうそう ②げんけい
③しんかんせん ④ようけん
⑤てんけん ⑥かんさつがん
⑦きゅうしき ⑧げんていひん
⑨ぎゃっきょう ⑩えんぎ

2
①寄宿 ②特許 ③経験 ④規則
⑤紀行文 ⑥習慣 ⑦境 ⑧正義
⑨基本 ⑩均等 ⑪禁止 ⑫幹
⑬清潔 ⑭転居 ⑮保険 ⑯救急車
⑰期限 ⑱逆転 ⑲実現 ⑳句点

3
①逆らって ②久しぶり
③許す ④喜ぶ ⑤慣らす ⑥険しい
⑦限る ⑧寄せる ⑨現れる ⑩経る

3 6・7ページ

1
①ぞうきばやし ②めいし
③こうどう ④たんさん
⑤こうかい ⑥ころ
⑦しじつ ⑧けいげん
⑨えだみち ⑩しんこうこく

2
①混合 ②養護 ③実在 ④採点
⑤支柱 ⑥意志 ⑦国際 ⑧興味
⑨賛成 ⑩耕作 ⑪災害 ⑫構成
⑬事故 ⑭鉱物 ⑮再会 ⑯罪人
⑰文化財 ⑱調査 ⑲個数 ⑳妻

3
①告げる ②志す ③再び ④減る
⑤効く ⑥採り ⑦混ぜる ⑧厚い
⑨耕す ⑩構える

4 8・9ページ

1
①しょうじゅん ②しょくいん
③たいしつ ④いんしょう
⑤しょうたい ⑥じゅんじょ
⑦しゅじゅつ ⑧しじ
⑨にがおえ ⑩いし

2
①修理 ②賞金 ③資格 ④組織
⑤準備 ⑥条件 ⑦表情 ⑧授業
⑨形状 ⑩常 ⑪知識 ⑫質問
⑬証明 ⑭制度 ⑮感謝 ⑯校舎
⑰飼育 ⑱教師 ⑲職業 ⑳序章

3
①飼い ②修める ③示す ④述べる
⑤招く ⑥飼う ⑦情け ⑧似る
⑨招き ⑩織る

5 10・11ページ

1
①せいじか ②そうごう
③じがぞう ④きんぞく
⑤えんしゅうりつ ⑥おおぜい
⑦そくてい ⑧せいさく
⑨ぞうか ⑩そふ

2
①設計 ②勢力 ③製造 ④精度

⑤財政 ⑥増加 ⑦成績 ⑧絶対
⑨素質 ⑩接近 ⑪責任 ⑫損
⑬規則 ⑭知性 ⑮税金 ⑯画像
⑰祖先 ⑱所属 ⑲観測 ⑳総会

3
①勢い ②設ける ③造る ④率いて
⑤責める ⑥貸す ⑦増える ⑧測る
⑨絶つ ⑩増す

6 12・13ページ

1
①とういつ ②ひょうばん
③ねんりょう ④ひと
⑤だんけつ ⑥どくは
⑦みちび ⑧よび
⑨どうどう ⑩ひりょう

2
①版画 ②比例 ③日程 ④停車
⑤態度 ⑥出版 ⑦貯金 ⑧提出
⑨可能 ⑩非常口 ⑪任命 ⑫適応
⑬独立 ⑭犯罪 ⑮決断 ⑯銅
⑰新築 ⑱消費 ⑲出張 ⑳毒物

3
①備える ②比べる ③張る ④断る
⑤任せる ⑥破る ⑦築く ⑧燃える
⑨得る ⑩肥える

7 14・15ページ

1
①むちゅう ②ふくしゅう
③ほとけ ④りょうち

⑤ふじん ⑥しょうぼうしゃ
⑦ぼぜん ⑧ぶし
⑨べんとう ⑩ぼうふうう

2
①義務 ②貿易 ③輸送 ④綿毛
⑤歴史 ⑥複数 ⑦報告 ⑧配布
⑨綿 ⑩省略 ⑪小麦粉 ⑫保管
⑬余白 ⑭山脈 ⑮長編 ⑯留学
⑰布 ⑱夢 ⑲内容 ⑳墓

3
①務める ②留まる ③迷う ④余る
⑤暴れる ⑥豊かな ⑦貧しい ⑧防ぐ
⑨編む ⑩保つ

8 16・17ページ

1
①みき ②てんきょ
③そしき ④じょしょう
⑤ぼうえき ⑥よはく
⑦えいぎょう ⑧げんいん

2
①軽減 ②炭酸 ③夢中 ④武士
⑤弁当 ⑥予備 ⑦肥料 ⑧体質

3
①熱い ②明ける ③建つ ④努める

4
①志す ②営む ③快い ④移る
⑤述べる ⑥設ける ⑦勢い ⑧責める
⑨比べる ⑩備える

教科書ぴったりトレーニング はなまるシール

- ふろくの「がんばり表」に使おう！
- はじめに、キミのおとも犬を選んで、がんばり表にはろう！
- 学習が終わったら、がんばり表に「はなまるシール」をはろう！
- 余ったシールは自由に使ってね。

キミのおとも犬

元気いっぱい
お肉大好き！
つっこみ役
みんなの世話係
ちょっとこわがり
最年少
おっとり
読書好き
やさしくて物知り
みんなの先生

はなまるシール

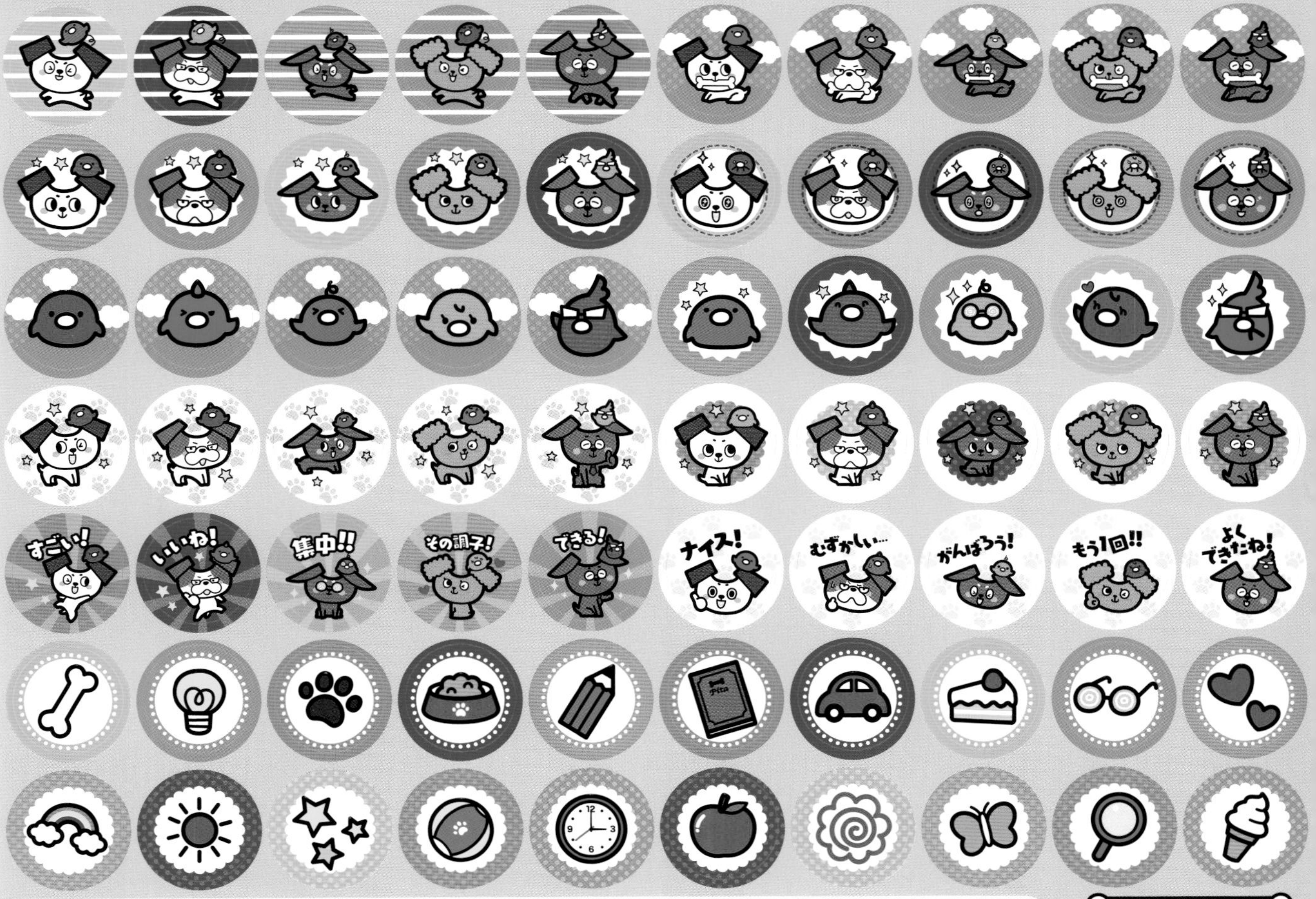
すごい！
いいね！
集中!!
その調子！
できる！
ナイス！
むずかしい…
がんばろう！
もう1回!!
よくできたね！

国語
理科
英語
ABC
算数
社会

ごほうびシール

よくできました

教科書ぴったりトレーニング 漢字6年 がんばり表

好きななまえをつけてね！

なまえ

ぴた犬（おとも犬）シールをはろう

シールの中から好きなぴた犬を選ぼう。

いつも見えるところに、この「がんばり表」をはっておこう。
この「ぴたトレ」を学習したら、シールをはろう！
どこまでがんばったかわかるよ。

おうちのかたへ

がんばり表のデジタル版「デジタルがんばり表」では、デジタル端末でも学習の進捗記録をつけることができます。1冊やり終えると、抽選でプレゼントが当たります。「ぴたサポシステム」にご登録いただき、「デジタルがんばり表」をお使いください。LINE または PC・ブラウザを利用する方法があります。

LINE用　PC・ブラウザ用

★ ぴたサポシステムご利用ガイドはこちら ★
https://www.shinko-keirin.co.jp/shinko/news/pittari-support-system

スタート

帰り道～漢字の広場①

2～4ページ	5～6ページ	7～8ページ	9ページ	10～12ページ	13～15ページ	16ページ
ぴったり1	ぴったり2	ぴったり1	ぴったり2	ぴったり1	ぴったり2	ぴったり2
できたらシールをはろう	できたらシールをはろう	できたらシールをはろう	できたらシールをはろう	できたらシールをはろう	できたらシールをはろう	できたらシールをはろう

笑うから楽しい～デジタル機器と私たち

17ページ	18ページ	19～20ページ	21ページ	22～24ページ	25～26ページ	27～28ページ	29ページ
ぴったり1	ぴったり2	ぴったり1	ぴったり2	ぴったり1	ぴったり2	ぴったり1	ぴったり2
できたらシールをはろう	できたらシールをはろう	できたらシールをはろう	できたらシールをはろう	できたらシールをはろう	できたらシールをはろう	できたらシールをはろう	できたらシールをはろう

私と本～星空を届けたい

30ページ	31ページ	32～33ページ	34～35ページ
ぴったり1	ぴったり2	ぴったり1	ぴったり2
できたらシールをはろう	できたらシールをはろう	できたらシールをはろう	できたらシールをはろう

夏のチャレンジテスト

36～37ページ	38～39ページ
チャレンジテスト	チャレンジテスト
できたらシールをはろう	できたらシールをはろう

名づけられた葉～漢字の広場②

40～41ページ	42ページ	43ページ
ぴったり1	ぴったり2	ぴったり2
できたらシールをはろう	できたらシールをはろう	できたらシールをはろう

やまなし～狂言「柿山伏《かきやまぶし》」を楽しもう

44～46ページ	47～48ページ	49ページ	50～52ページ	53～54ページ	55～56ページ
ぴったり1	ぴったり2	ぴったり2	ぴったり1	ぴったり2	ぴったり1
できたらシールをはろう	できたらシールをはろう	できたらシールをはろう	できたらシールをはろう	できたらシールをはろう	できたらシールをはろう

57ページ	58～59ページ	60ページ
ぴったり2	ぴったり1	ぴったり2
できたらシールをはろう	できたらシールをはろう	できたらシールをはろう

『鳥獣戯画《ちょうじゅうぎが》』を読む～おすすめパンフレットを作ろう

61～62ページ	63ページ	64～66ページ	67～68ページ	69ページ	70ページ	71ページ
ぴったり1	ぴったり2	ぴったり1	ぴったり2	ぴったり2	ぴったり1	ぴったり2
できたらシールをはろう	できたらシールをはろう	できたらシールをはろう	できたらシールをはろう	できたらシールをはろう	できたらシールをはろう	できたらシールをはろう

冬のチャレンジテスト

72～73ページ	74～75ページ
チャレンジテスト	チャレンジテスト
できたらシールをはろう	できたらシールをはろう

詩を朗読してしょうかいしよう～漢字の広場⑤

76ページ	77ページ	78ページ
ぴったり1	ぴったり2	ぴったり2
できたらシールをはろう	できたらシールをはろう	できたらシールをはろう

「考える」とは～漢字の広場⑥

79～81ページ	82～83ページ	84～86ページ	87～88ページ	89ページ
ぴったり1	ぴったり2	ぴったり1	ぴったり2	ぴったり2
できたらシールをはろう	できたらシールをはろう	できたらシールをはろう	できたらシールをはろう	できたらシールをはろう

春のチャレンジテスト

90～91ページ	92～93ページ
チャレンジテスト	チャレンジテスト
できたらシールをはろう	できたらシールをはろう

ゴール

最後までがんばったキミは「ごほうびシール」をはろう！

ごほうびシールをはろう

教科書ぴったりトレーニングの使い方

『ぴたトレ』は教科書にぴったり合わせて使うことができるよ。教科書も見ながら、勉強していこうね。ぴた犬たちが勉強をサポートするよ。

ふだんの学習

ぴったり1 準備

新しく習う漢字や読みは、教科書に出てくる順番に並んでいるよ。まずは、字の形や読みがな、書き順など、基本的なことをおさえよう。「使い方」も参考にしながら、漢字を正しく読み書きできるようになろう。

↓

ぴったり2 練習

「ぴったり 1」で学習したこと、覚えているかな？
確認《にん》しながら取り組みましょう。
くり返し練習することで、確実に力がつきますよ。

↓

6年 チャレンジテスト

「夏」「冬」「春」と３回あります。夏休み、冬休み、春休みに合わせて使おう。学期の終わりのテスト前にやってもいいね。それまでに学習したことがしっかり身についているか、確認できるね。

↓

実力チェック

ふだんの学習が終わったら、「がんばり表」にシールをはろう。

6年 学力診断《しんだん》テスト

１年間の総まとめのテストです。
合格点をめざそう。

別冊

丸つけラクラク解答

問題と同じ紙面に赤字で「答え」が書いてあるよ。取り組んだ問題の答え合わせをしてみよう。まちがえた問題や分からなかった問題は、「ぴったり 1」にもどったり、教科書を読み返したりして、もう一度見直そう。

おうちのかたへ

本書「教科書ぴったりトレーニング」は、新出漢字や新出音訓（読みかえ漢字）等、理解しておくべき基本的な内容をまとめた「ぴったり 1 準備」、学習したことが身についているかを、読み書きすることで確認できる「ぴったり 2 練習」、そして、習得度を確かめられる年 3 回の「チャレンジテスト」、という構成になっています。漢字が苦手なお子様でも、無理なく少しずつ学習できるよう配慮した構成になっておりますので、日々の学習（トレーニング）にぴったりです。

「漢字の学習」について

●漢字の学習は、通知表に記載される 3 つの観点のうち、「知識・技能」に相当します。漢字の学習というと、漢字の形や読み書き、書き順、部首などを暗記するというイメージがありますが、実際はそれだけではありません。

●大切なのは、漢字について理解し、文章の内容を読み取ったり自分の文章で適切に使い表現できるようなったりできることです。本書はその基礎となるものです。

●本書では、漢字の成り立ちや関連漢字等の理解を深める補足情報、そして豊富な例文を示しています。単なる知識ではなく、「使える漢字」が身につき、ひいては国語力のアップにつながることをねらいました。

別冊『丸つけラクラク解答』について

別冊の「丸つけラクラク解答」では、「チャレンジテスト」・「学力診断テスト」において、次のような事柄も示しています。

- 漢字についての注意すべき点
- いっしょに覚えておくと役立つこと
- まちがいやすいことやつまずきやすいところ

お子様への説明や、学習内容の把握などにご活用ください。

もくじ

漢字６年

光村図書版
創造

教科書ぴったりトレーニング

とりはずして
お使いください

月　日

帰り道

教科書 25～40ページ

新しく学習する漢字

視　砂　腹　段　並　降　認　洗　異　純　射　背　捨　舌　乱

教科書 25ページ

視

シ

（つけない／ななめに打つ／上へはねる）

11画　部首：見（みる）

使い方

視力検査《しりょくけんさ》をする。
人《ひと》の視線《しせん》を気《き》にする。
信号《しんごう》を無視《むし》すると危《あぶ》ない。

部首

教科書 27ページ

砂

サ
すな
◆シャ

（つける／はねる）

9画　部首：石（いしへん）

使い方

磁石《じしゃく》で砂鉄《さてつ》を集《あつ》める。
コーヒーに砂糖《さとう》を入《い》れる。
砂場《すなば》で子《こ》どもたちが遊《あそ》ぶ。

いろいろな読み方

砂場《すなば》で砂鉄《さてつ》を集める。

教科書 27ページ

腹

フク
はら

（はねる／つける／はらう）

13画　部首：月（にくづき）

使い方

山《やま》の中腹《ちゅうふく》まで歩《ある》く。
満腹《まんぷく》でねむくなる。
腹立《はらだ》たしいことが起《お》こる。

反対の意味の言葉

空腹《くうふく》

満腹

教科書 28ページ

段

ダン

（右上へ／出す／上へはねる／はらう）

9画　部首：殳（るまた・ほこづくり）

使い方

文章《ぶんしょう》を段落《だんらく》に分《わ》ける。
手段《しゅだん》を変《か》える。
空手《からて》の有段者《ゆうだんしゃ》。

言葉の意味

段々畑《だんだんばたけ》－山の斜面《しゃめん》を利用した畑。

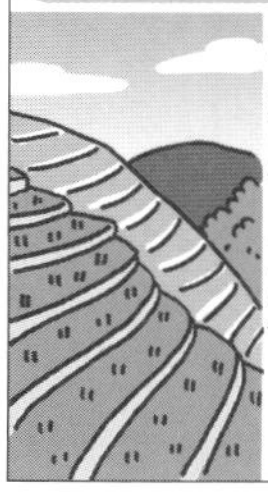

教科書 29ページ

並

なみ
ならべる
ならぶ
ならびに
◆ヘイ

（とめる／はらう）

8画　部首：一（いち）

使い方

並木道《なみきみち》を歩《ある》く。
机《つくえ》を二列《にれつ》に並《なら》べる。
校庭《こうてい》に児童《じどう》が並《なら》ぶ。

漢字の意味

「並」には、ふつうという意味がある。

月　日

教科書 30ページ

降

コウ
おりる
おろす
ふる

はらう　つき出す　はねる　とめる

使い方

降水量《こうすいりょう》を調《しら》べる。
バスから降《お》りて歩《ある》く。
雨《あめ》が降《ふ》りそうなのでかさを持《も》つ。

降　こざとへん
10画

反対の意味の言葉

教科書 30ページ

認

◆ニン
みとめる

はねる

使い方

失敗《しっぱい》を認《みと》める。
委員長《いいんちょう》として認《みと》められる。
一時帰国《いちじきこく》を認《みと》める。

認　ごんべん
14画

送りがな

教科書 30ページ

洗

セン
あらう

つき出す　少し長く　上へはねる

使い方

洗《せん》ざいにつけておく。
洗面所《せんめんじょ》で歯《は》をみがく。
食事《しょくじ》の前《まえ》に手《て》を洗《あら》う。

洗　さんずい
9画

送りがな

洗　う

教科書 30ページ

異

イ
こと

はらう　とめる

使い方

異国《いこく》の文化《ぶんか》にふれる。
異常気象《いじょうきしょう》が続《つづ》く。
母《はは》と異《こと》なる考《かんが》えをもつ。

異　た
11画

四字熟《じゅく》語

異口同音《いくどうおん》
みんなが同じことを言うこと。

教科書 30ページ

純

ジュン

左へはらう　おれる

使い方

純真《じゅんしん》な少年《しょうねん》。
単純《たんじゅん》な問題《もんだい》を考《かんが》える。
純金《じゅんきん》の指輪《ゆびわ》をはめる。

純　いとへん
10画

反対の意味の言葉

単純《たんじゅん》
複雑

教科書 32ページ

射

シャ
いる

はねる　出さない　はねる

使い方

日射病《にっしゃびょう》に注意《ちゅうい》する。
病院《びょういん》で予防注射《よぼうちゅうしゃ》を打《う》つ。
弓《ゆみ》で矢《や》を射《い》る。

射　すん
10画

形の似た漢字

反射《はんしゃ》
謝罪

月　日

教科書32ページ

背

ハイ　せ　せい　◆そむく　◆そむける

「土」にしない　左へはらう　上へはねる

使い方

背後《はいご》に人《ひと》の気配《けはい》を感《かん》じる。

父《ちち》の背中《せなか》を洗《あら》う。

兄《あに》と背比《せいくら》べをする。

部首

背

「背」の部首は、「にく」だよ。

「にく」は体に関係があるよ。

月　にく　9画

教科書33ページ

捨

シャ　すてる

はねる　上より長く

使い方

四捨五入《ししゃごにゅう》すると母《はは》は四十《よんじっ》さいだ。

取捨選択《しゅしゃせんたく》する。

燃《も》えるごみの日《ひ》に捨《す》てる。

反対の意味の言葉

捨《す》てる

ゴミ

拾う

扌　てへん　11画

教科書35ページ

舌

した　◆ゼツ

はらう　とめる

使い方

すばやい動《うご》きに舌《した》をまく。

舌打《したう》ちをしておこられる。

スープが熱《あつ》くて舌《した》をやけどする。

慣用句

舌《した》が回《まわ》る

よどみなくしゃべること。

あれがね〜
これが〜

舌　した　6画

教科書36ページ

乱

ラン　みだれる　みだす

左へはらう　つける　上へはねる

使い方

乱暴《らんぼう》にあつかわない。

頭《あたま》の中《なか》が混乱《こんらん》する。

風《かぜ》がふいてかみが乱《みだ》れる。

部首

乱

「乱」の部首は、「おつ」だよ。

乚　おつ　7画

「降」の字には、高いところからおりる、空からふる、敵《てき》に負けてしたがう、その時より後、などの意味があります。

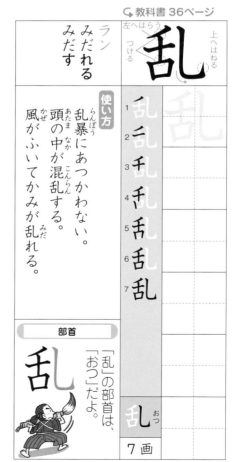

ぴったり2 練習

帰り道

　　月　　日

1 ——線の漢字の読みがなを書きましょう。

① 砂ばくをラクダで旅する。（　　）

② 弟のいたずらに腹を立てる。（　　）

③ さまざまな段階を経る。（　　）

④ 祖父と春の並木道を歩く。（　　）

⑤ 失敗を認める。（　　）

⑥ ブラシで洗車する。（　　）

⑦ 異星人が登場する物語。（　　）

⑧ クロールと背泳の練習をする。（　　）

2 □に漢字を書きましょう。

① 急に□□《しかい》が開ける。

② □《すな》あらしがふきあれる。

③ 山の□□《ちゅうふく》でひと休みする。

④ □□《だんさ》でつまずく。

⑤ 講堂に机《つくえ》を□《なら》べる。

⑥ 今年初めての雪が□《ふ》る。

⑦ よごれを□《あら》い流す。

⑧ 兄と意見を□《こと》にする。

⑨ □□《たんじゅん》な作業をくり返す。

⑩ 病院で□□《ちゅうしゃ》を打つ。

⑪ □□《せなか》がかゆくなる。

⑫ ごみを□《す》てに行く。

⑬ ぺろりと□《した》を出す。

⑭ 辺りに書類が□□《さんらん》している。

教科書 25～40ページ
答え 2ページ

月　　日

1 ―線の漢字の読みがなを書きましょう。

① 海外旅行で**視野**が広がる。（　　）

② パラシュートで**降下**する。（　　）

③ ていねいに手を**洗**う。（　　）

④ **純**すいな心のもち主だ。（　　）

⑤ 友達と**背比**べをする。（　　）

⑥ 不用品を**捨**てる。（　　）

⑦ ごちそうに**舌**つづみを打つ。（　　）

⑧ たいこを**乱**れ打ちする。（　　）

2 □に漢字を書きましょう。

① 他人の□□《しせん》を感じる。

② 小さな子どもが□□《すなば》で遊ぶ。

③ □《はら》をかかえて笑う。

④ □□《かいだん》を上って屋上に行く。

⑤ 氏名□《なら》びに住所を記入する。

⑥ 自分の負けを□《みと》める。

⑦ □□《いよう》な音が聞こえる。

⑧ ロケットが□□《はっしゃ》される。

⑨ いそがしくて頭が□□《こんらん》する。

⑩ 社長の□□《ふくしん》として働く。

⑪ よごれた服を□《せん》たくする。

⑫ それぞれ性格が□《こと》なる。

⑬ 的をめがけて矢を□《い》る。

⑭ □□《はいご》から声をかける。

教科書 25〜40ページ
答え 2ページ

月　　日

ぴったり1 準備

公共図書館を活用しよう

教科書 41～43ページ

新しく学習する漢字

訪　域　誌　映　拡　展　蔵

教科書 41ページ

域

イキ

わすれない　はねる　右上へ

使い方
地域《ちいき》の特色《とくしょく》を調《しら》べる。
遊泳禁止区域《ゆうえいきんしくいき》を設《もう》ける。
関東全域《かんとうぜんいき》で大雨《おおあめ》が降《ふ》る。

つちへん　11画

字の形に注意

域

教科書 42ページ

誌

シ

少し短く　はねる

使い方
学級日誌《がっきゅうにっし》を書《か》く。
雑誌《ざっし》の編集《へんしゅう》をする。
週刊誌《しゅうかんし》を創刊《そうかん》する。

ごんべん　14画

言葉の使い分け

誌面《しめん》―雑誌で記事があるページのこと。
紙面―新聞で記事があるページのこと。

教科書 42ページ

映

エイ
うつる
うつす
◆はえる

つき出す　つける　ところに注意

使い方
新作《しんさく》の映画《えいが》を見《み》に行《い》く。
テレビにアップで映《うつ》る。
自分《じぶん》の姿《すがた》を鏡《かがみ》に映《うつ》す。

ひへん　9画

言葉の使い分け

映《うつ》る―光やかげが他の物の上に現れる。
写る―写真にとられる。

教科書 42ページ

拡

カク

はねる　とめる

使い方
地図《ちず》を拡大《かくだい》して見《み》る。
拡声器《かくせいき》を使《つか》って話《はな》す。
道路《どうろ》の拡張工事《かくちょうこうじ》が始《はじ》まる。

てへん　8画

反対の意味の言葉

拡大《かくだい》　縮小《しゅく》

教科書 42ページ

展

テン

はねる　はらう　はらう

使い方
展示会《てんじかい》に招待《しょうたい》する。
事件《じけん》の進展《しんてん》を見守《みまも》る。
文化《ぶんか》が発展《はってん》する。

しかばね　10画

字の形に注意

展

月　　日

教科書43ページ

蔵

ゾウ

◆くら

わすれない　はねる　出す

15画　くさかんむり

使い方

冷蔵庫《れいぞうこ》から食材《しょくざい》を取《と》り出《だ》す。
お地蔵様《じぞうさま》に手《て》を合《あ》わせる。
米《こめ》を貯蔵《ちょぞう》する。

部首

「蔵」の部首は、「くさかんむり」だよ。

教科書43ページ

訪

ホウ

たずねる

◆おとずれる

たてに打つ　つける　ななめに打つ　はねる

11画　ごんべん

使い方

家庭訪問《かていほうもん》の日《ひ》を決《き》める。
大統領《だいとうりょう》が来訪《らいほう》する。
外国《がいこく》を訪《たず》ねる。

言葉の使い分け

訪《たず》ねる―人の家などに行く。
尋《たず》ねる―人に物事を聞く。

「蔵」の「臣」の部分は形と筆順に注意しよう。

漢字クイズ１

☆ □に当てはまる漢字を□から選んで、熟語《じゅくご》を完成させましょう。　答え17ページ

① 上　反　投　放 → □

② 進　親　個　発 → □

③ 広　職　区　音 → □

④ □ → 芸　習　技　説

域　展　議　映　誌　演

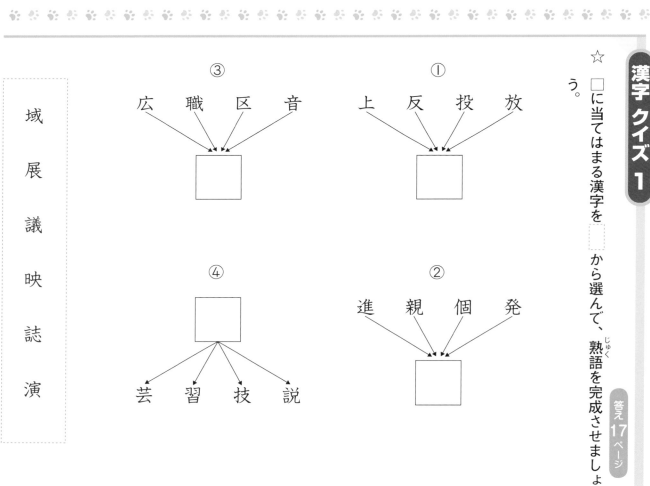

ぴったり2 練習

公共図書館を活用しよう

教科書 41～43ページ
答え 2ページ

月　　日

1 ―線の漢字の読みがなを書きましょう。

① 域内の公園の数を調べる。（　　）
② 本屋で月刊誌を買う。（　　）
③ 兄と映画の話をする。（　　）
④ 会社の事業を拡張する。（　　）
⑤ 町はめざましい発展をとげた。（　　）
⑥ 図書館の蔵書を点検する。（　　）
⑦ 来訪の目的をたずねる。（　　）
⑧ 大きなスクリーンに映し出す。（　　）

2 □に漢字を書きましょう。

① この□□《ちいき》の集会所に行く。
② □□《ざっし》の記事を読む。
③ 新作ドラマが□□《ほうえい》される。
④ 図形を□□《かくだい》する。
⑤ 思いがけない□□《てんかい》となった。
⑥ 美術館が□□《しょぞう》する絵画。
⑦ □□《ほうにち》した外国人をもてなす。
⑧ 南の□□《かいいき》で台風が発生した。
⑨ 美しい□□《えいぞう》に見入る。
⑩ うわさが□□《かくさん》される。
⑪ 会場に仏像を□□《てんじ》する。
⑫ □□《あいぞう》の刀を見せてもらう。
⑬ 古い神社を□《たず》ね歩く。
⑭ 鏡に顔を□《うつ》す。

月　日

ぴったり1 準備

漢字の形と音・意味

教科書 44〜45ページ

新しく学習する漢字

我　承　蒸　処　就　臨　従　恩　裁　律　脳　臓　腸　肺　胃

教科書44ページ

我（7画）　部首：戈（ほこがまえ・ほこづくり）

われ　◆わ　◆ガ

右上へ　はねる

1 我　2 𠂇　3 手　4 手　5 我　6 我　7 我

使い方

我《われ》を忘《わす》れる。

我《われ》ながらよくやったと思《おも》う。

はっと我《われ》に返《かえ》る。

慣用句

我《われ》に返《かえ》る　正気にもどる。

教科書44ページ

承（8画）　部首：手（て）

ショウ　◆うけたまわる

横画は三本　二画で書く　一画で書く　はねる

1 承　2 了　3 子　4 子　5 手　6 承　7 承　8 承

使い方

話《はなし》を承知《しょうち》する。

先生《せんせい》の承認《しょうにん》を得《え》る。

文化《ぶんか》を伝承《でんしょう》する。

字の形に注意

承

横画は三本！

教科書44ページ

蒸（13画）　部首：艹（くさかんむり）

ジョウ　◆むす　◆むれる　◆むらす

おれてはらう　方向に注意

1 一　2 艹　3 4 芉　5 芓　6 茅　7 茅　8 荥　9 蒸　10 蒸　11 12 13 蒸

使い方

水蒸気《すいじょうき》が出《で》る。

蒸気機関車《じょうききかんしゃ》に乗《の》る。

水分《すいぶん》が蒸発《じょうはつ》する。

部首

蒸

「蒸」の部首は、「くさかんむり」だよ。

「灬」ではないんだね。

教科書44ページ

処（5画）　部首：几（つくえ）

ショ

つける　上へはねる

1 ノ　2 夂　3 夂　4 処　5 処

使い方

応急処置《おうきゅうしょち》をしてもらう。

薬局《やっきょく》に処方《しょほう》せんを持《も》っていく。

不用品《ふようひん》を処分《しょぶん》する。

筆順

処（1〜5）

1画目に気をつけよう。

教科書44ページ

就（12画）　部首：尤（だいのまげあし）

シュウ　◆ジュ　◆つく　◆つける

わすれない　つける　上へはねる　はねる

1 亠　2 亠　3 4 5 亠　6 亨　7 京　8 京　9 京　10 就　11 就　12 就

使い方

社長《しゃちょう》に就任《しゅうにん》する。

食品会社《しょくひんがいしゃ》に就職《しゅうしょく》する。

会社《かいしゃ》の就業時間《しゅうぎょうじかん》が変《か》わる。

反対の意味の言葉

就職《しゅうしょく》

入社式

退職《たいしょく》

教科書44ページ

臨

つける

リン
◆のぞむ

使い方

来週《らいしゅう》、臨海学校《りんかいがっこう》に行《い》く。
臨時列車《りんじれっしゃ》を増発《ぞうはつ》する。
入学式《にゅうがくしき》に親《おや》が臨席《りんせき》する。

臣《しん》　18画

四字熟語《じゅくご》

臨機応変《りんきおうへん》
その場に合わせたやり方をすること。

教科書45ページ

従

はらう　つける　はらう

ジュウ
したがう
したがえる
◆ショウ
◆ジュ

使い方

従業員《じゅうぎょういん》に給料《きゅうりょう》を支《し》はらう。
兄《あに》の意見《いけん》に従《したが》う。
社長《しゃちょう》が部下《ぶか》を従《したが》えて歩《ある》く。

彳《ぎょうにんべん》　10画

送りがな

従 ~~が~~ う

教科書45ページ

恩

はねる

オン

使い方

命《いのち》の恩人《おんじん》と再会《さいかい》する。
卒業生《そつぎょうせい》が謝恩会《しゃおんかい》を開《ひら》く。
恩師《おんし》に手紙《てがみ》を書《か》く。

心《こころ》　10画

形の似た漢字

思う

恩師《おんし》

教科書45ページ

裁

わすれない　とめる　つける

サイ
さばく
◆たつ

使い方

裁判《さいばん》で決着《けっちゃく》をつける。
姉《あね》は裁《さい》ほうが得意《とくい》だ。
争《あらそ》いごとを公正《こうせい》に裁《さば》く。

衣《ころも》　12画

部首

「裁」の部首は、「ころも」だよ。

裁

教科書45ページ

律

出す　長く

リツ
◆リチ

使い方

法律《ほうりつ》について勉強《べんきょう》する。
規律《きりつ》を守《まも》って行動《こうどう》する。
ピアノを調律《ちょうりつ》する。

彳《ぎょうにんべん》　9画

形の似た漢字

調律師《ちょうりつし》

三重県の県庁所在地は津

津っ

教科書45ページ

脳

とめる　おれる　はらう

ノウ

使い方

各国《かっこく》の首脳《しゅのう》が集《あつ》まる。
脳波《のうは》の検査《けんさ》を受《う》ける。
すぐれた頭脳《ずのう》のもち主《ぬし》。

月《にくづき》　11画

部首

脳

「脳」の部首は、「にくづき」だよ。

「にくづき」は体に関係があるよ。

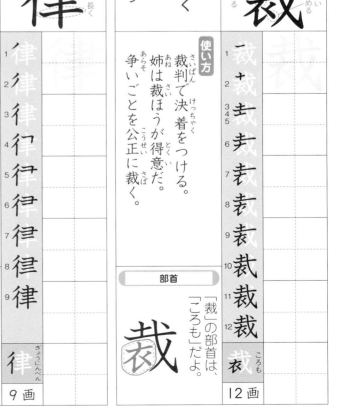

月　日

教科書45ページ

肺

ハイ

たてに打つ　とめる

使い方

肺呼吸《はいこきゅう》をする動物《どうぶつ》。
肺活量《はいかつりょう》を測定《そくてい》する。
左右《さゆう》の肺《はい》の検査《けんさ》をする。

言葉の意味

肺活量《はいかつりょう》―肺の中に吸《す》い入れる空気の量のこと。

月 にくづき

9画

教科書45ページ

腸

チョウ

わすれない　はらう　向きと長さに注意　はねる

使い方

小腸《しょうちょう》で栄養《えいよう》を取《と》り入《い》れる。
胃腸《いちょう》を悪《わる》くする。
腸《ちょう》の調子《ちょうし》が悪《わる》い。

字の形に注意

わすれないでね！
腸

月 にくづき

13画

教科書45ページ

臓

ゾウ

わすれない　はねる

使い方

きん張《ちょう》して心臓《しんぞう》がどきどきする。
臓器《ぞうき》移植《いしょく》の手術《しゅじゅつ》を行《おこな》う。
内臓《ないぞう》を検査《けんさ》する。

部首

臓

「臓」の部首は、「にくづき」だよ。

画数も多いので筆順にも注意。

月 にくづき

19画

教科書45ページ

胃

イ

平たく　とめる　はねる

使い方

食《た》べ物《もの》を胃《い》で消化《しょうか》する。
父《ちち》が胃薬《いぐすり》を飲《の》む。
胃酸《いさん》で食《た》べ物《もの》をとかす。

部首

「にく」は、体に関係のある漢字につくよ。

月 にく

9画

読み方が新しい漢字

漢字	読み方	使い方	前に出た読み方
細	サイ	さいしん ちゅうい（細心の注意）	細長《ほそなが》い 細《ほそ》る 細《こま》か 細《こま》かい

体を表す漢字の多くには、「月」（にくづき）が使われているよ。

月　　日

ぴったり2 練習

漢字の形と音・意味

1 ——線の漢字の読みがなを書きましょう。

①その条件は承服できない。（　　）

②液体が蒸発する。（　　）

③伝票を処理する。（　　）

④委員長に就任する。（　　）

⑤物質の臨界点を調べる。（　　）

⑥あの人は従順な性格だ。（　　）

⑦あなたには深い恩義がある。（　　）

⑧細心の注意をはらう。（　　）

2 □に漢字を書きましょう。

①□《われ》々《われ》が試合に勝利した。

②文化を□□《でんしょう》する。

③やかんから□□《じょうき》が出ている。

④事態の変化に□□《たいしょ》する。

⑤兄が会社に□□《しゅうしょく》する。

⑥□□《りんじ》のアルバイトをやとう。

⑦委員会のルールに□《したが》う。

⑧あなたは命の□□《おんじん》です。

⑨父が□□□《さいばんかん》に任命された。

⑩貿易についての□□《ほうりつ》を定める。

⑪すぐれた□□《ずのう》のもち主だ。

⑫□□《しんぞう》がどきどきする。

⑬病院で□□《だいちょう》の検査をする。

⑭□□□《はいかつりょう》を測定する。

教科書 44〜45ページ
答え 2ページ

月　日

ぴったり2 練習

漢字の形と音・意味

1 ――線の漢字の読みがなを書きましょう。

①（　）子どもたちが我勝ちに走り出す。

②（　）就労ビザを取得する。

③（　）紙を裁断する。

④（　）大勢の部下を従える。

⑤（　）恩返しの品をおくる。

⑥（　）腸の調子を整える。

⑦（　）牛の臓物を使った料理。

⑧（　）肺のレントゲン写真をとる。

2 □に漢字を書きましょう。

① □□《さいぶ》にまで気配りする。

② そのことは□□《しょうち》している。

③ □□□《じょうりゅうすい》を作る実験。

④ 残りは□□《しょぶん》してください。

⑤ 会社の□□《しゅうぎょう》時間が変わる。

⑥ この山に神様が□□《こうりん》した。

⑦ 王子様の□□《じゅうしゃ》になる。

⑧ 小学校時代の□□《おんし》と再会した。

⑨ 犯罪者をきびしく□《さば》く。

⑩ □□《きりつ》正しい生活をする。

⑪ 各国の□□《しゅのう》がそろう会議。

⑫ □□《ないぞう》の病気を調べる。

⑬ □□《いぐすり》を飲む。

⑭ □□《りんかい》学校で競泳をする。

教科書 44～45ページ
答え 3ページ

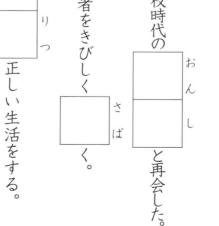

ぴったり2 練習

漢字の形と音・意味

月　　日

1 ――線の漢字の読みがなを書きましょう。

① 口承されてきた物語を聞く。（　　）
② 適切な処置をする。（　　）
③ 母に洋裁を教わる。（　　）
④ 美しい詩の音律を味わう。（　　）
⑤ 臓器移植の研究が進んでいる。（　　）
⑥ 心肺機能を高める運動。（　　）
⑦ 胃の調子が良くなった。（　　）
⑧ 作業を細分化する。（　　）

2 □に漢字を書きましょう。

① □《われ》をわすれて夢中になる。
② 葉から水分が□□《じょうさん》している。
③ 医院で□□《しょほう》せんを受け取る。
④ 新しい船が□□《しゅうこう》する。
⑤ 老いた王が□□《くんりん》する国。
⑥ 新しい□□□《じゅうぎょういん》を指導する。
⑦ 先生に□□《おんがえ》しをしたい。
⑧ □《はい》に空気を送る。
⑨ 運賃《ちん》が□□《いちりつ》に値《ね》上げされた。
⑩ □□□《のうしゅっけつ》の手術を受ける。
⑪ ストレスで□□《しょうちょう》の病気になる。
⑫ □《い》の調子が良い。
⑬ 日本銀行の新しい□□《そうさい》。
⑭ 古いピアノの□□《ちょうりつ》をする。

教科書 44〜45ページ
答え 3ページ

月　　日

ぴったり2
練習

漢字の広場①　5年生で習った漢字

教科書 52ページ
答え 3ページ

1 ―線の漢字の読みがなを書きましょう。

①（　　）新しい家に入居する。
②（　　）桜がさくころに句会を開く。
③（　　）ヒマラヤ山脈の地図を見る。
④（　　）新婦を囲んで写真をとる。
⑤（　　）水質を調査する。
⑥（　　）航海中の客船が寄港する。
⑦（　　）バスが停車する。
⑧（　　）文化財を保護する。

2 □に漢字を書きましょう。

① □□《けんざかい》を流れる川。
② 古くなった家を□□《かいちく》する。
③ □□《だんち》に住む。
④ □□《ぶつぞう》に手を合わせる。
⑤ 明日は□《も》えるごみの日だ。
⑥ 畑の野菜に□□《ひりょう》をやる。
⑦ □□《かこう》から海へ水が流れこむ。

⑧ 台風でこわれた橋を□□《ふっきゅう》する。
⑨ 図書館で地域の□□《れきし》を調べる。
⑩ 事故現場を□□《けんしょう》する。
⑪ ここは立ち入り□□《きんし》だ。
⑫ 火事の□□《げんいん》を調べる。
⑬ □□《ぼうさい》の意識を高める。
⑭ 博物館までバスで□□《おうふく》した。

月　日

笑うから楽しい

教科書 53〜55ページ

新しく学習する漢字

私 密 呼 吸

教科書53ページ

私　シ　わたくし　わたし

左へはらう　とめる　とめる　おれる

使い方
私有地《しゆうち》に入《はい》ってしまう。
私《わたくし》の姉《あね》をしょうかいします。
私《わたし》は算数《さんすう》が得意《とくい》だ。

筆順：1〜7

禾（のぎへん）　7画

反対の意味の言葉
私服《しふく》
制服

教科書54ページ

密　ミツ

筆順に注意　はねる

使い方
家《いえ》が密集《みっしゅう》した地域《ちいき》。
精密《せいみつ》に作《つく》られた時計《とけい》。
地域《ちいき》に密着《みっちゃく》した活動《かつどう》。

筆順：1〜11

宀（うかんむり）　11画

反対の意味の言葉
過密《かみつ》

過疎《そ》

教科書54ページ

呼　コ　よぶ

はねる

使い方
選手《せんしゅ》の名前《なまえ》を連呼《れんこ》する。
全員《ぜんいん》いるか点呼《てんこ》して確《たし》かめる。
助《たす》けを呼《よ》ぶ。

筆順：1〜8

口（くちへん）　8画

ことわざ
類《るい》は友《とも》を呼《よ》ぶ
気の合う者や似た者は自然と寄り集まること。

教科書55ページ

吸　キュウ　すう

つけるところに注意　はらう

使い方
酸素《さんそ》を吸入《きゅうにゅう》する。
知識《ちしき》を吸収《きゅうしゅう》する。
空気《くうき》を吸《す》う。

筆順：1〜6

口（くちへん）　6画

反対の意味の言葉
吸《す》う
吐《は》く

「吸」の「㇋」は、一画で書くよ。

月　日

ぴったり2 練習

笑うから楽しい

1 ――線の漢字の読みがなを書きましょう。

① 私服（　　）に着替《が》えて出かける。

② 二つには密接（　　）な関係がある。

③ 立ち止まって呼吸（　　）を整える。

④ 密談（　　）を聞かれてしまった。

⑤ 明日は私用（　　）でお休みします。

⑥ 精密（　　）な機械を製作する。

⑦ たがいに呼応（　　）して動き出す。

⑧ 活性炭がにおいを吸着（　　）する。

2 □に漢字を書きましょう。

① あなたは□《わたし》の親友です。

② 東京は人口□□《みつど》が高い。

③ 弟を大きな声で□《よ》ぶ。

④ 新せんな空気を□《す》いこむ。

⑤ 大声で名前を□□《れんこ》する。

⑥ □□《しんみつ》な関係を築く。

⑦ のどの薬を□□《きゅうにゅう》する。

⑧ 出席者の□□《てんこ》をとる。

⑨ 図書室は□□《しご》禁止です。

⑩ それは生活に□□《みっちゃく》した問題だ。

⑪ 寒くて□□《こき》が白くなる。

⑫ そうじ機でごみを□□《きゅういん》する。

⑬ それは□《わたくし》どもにお任せください。

⑭ □□《かみつ》な日程で疲《つか》れる。

教科書 53〜55ページ
答え 3ページ

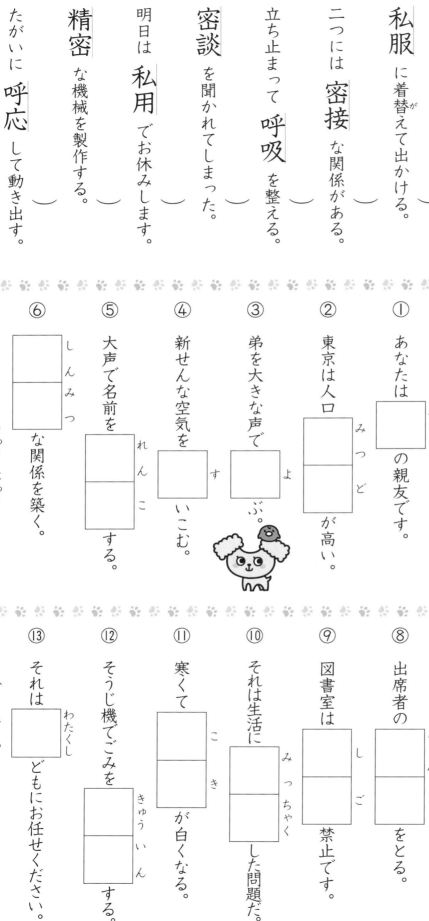

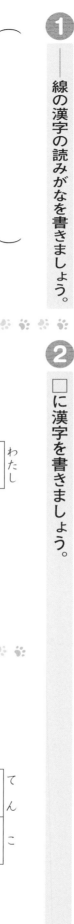

月　日

ぴったり1 準備

時計の時間と心の時間

教科書 56〜64ページ

新しく学習する漢字

存　刻　激　簡　机　難

疑

存（教科書56ページ）

ソン　ゾン

少し出す　はねる

使い方

あの人《ひと》は存在感《そんざいかん》がある。
大会《たいかい》の存続《そんぞく》を検討《けんとう》する。
食《た》べ物《もの》を常温《じょうおん》で保存《ほぞん》する。

存 こ　6画

形の似た漢字

保存《ほぞん》
在宅《たく》

刻（教科書58ページ）

コク　きざむ

おれる　はらう　とめる

使い方

深刻《しんこく》な問題《もんだい》が起《お》こる。
時刻表《じこくひょう》で調《しら》べる。
包丁《ほうちょう》で野菜《やさい》を刻《きざ》む。

刻 りっとう　8画

筆順

激（教科書59ページ）

ゲキ　はげしい

はねる

使い方

激戦《げきせん》の末《すえ》、勝利《しょうり》を収《おさ》める。
急激《きゅうげき》な変化《へんか》が起《お》こる。
激《はげ》しい雨《あめ》が降《ふ》った。

激 さんずい　16画

送りがな

簡（教科書60ページ）

カン

とめる　はねる

使い方

簡単《かんたん》に解決《かいけつ》する。
簡潔《かんけつ》に話《はなし》をする。
簡素《かんそ》な部屋《へや》に暮《く》らす。

簡 たけかんむり　18画

反対の意味の言葉

簡単《かんたん》
複雑

机（教科書60ページ）

つくえ　◆キ

上へはねる

使い方

机《つくえ》をろうかに運《はこ》ぶ。
学習《がくしゅう》机《づくえ》を買《か》いに行《い》く。
机《つくえ》の上《うえ》をかたづける。

机 きへん　6画

形の似た漢字

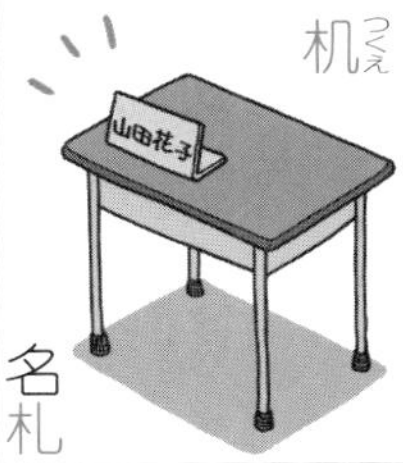

机《つくえ》
名札

月　日

教科書61ページ

難

ナン
むずかしい
◆かたい

つき出さない
とめる

使い方

困難《こんなん》に打《う》ち勝《か》つ。
他人《たにん》の失敗《しっぱい》を非難《ひなん》する。
難《むずか》しい問題《もんだい》にちょう戦《せん》する。

隹《ふるとり》
18画

反対の意味の言葉

難《むずか》しい
易しい

教科書63ページ

疑

ギ
うたがう

方向に注意
つける
はらう
とめる

使い方

疑問《ぎもん》がうかぶ。
半信半疑《はんしんはんぎ》で聞《き》いてみた。
自分《じぶん》の耳《みみ》を疑《うたが》う。

疋《ひき》
14画

送りがな

○疑う
×疑がう

こっちだね！

「疑」の1画目の方向に注意しましょう。

漢字クイズ2

☆例を参考に、□に当てはまる漢字を書いて、四つの熟語《じゅくご》を完成させましょう。

答え17ページ

例
精 → 密
過 → 密 → 集
密 → 談

① 反 → □、連 → □ → 的、□ → 程

② 来 → □、再 → □ → 米、□ → 問

③ 異 → □、温 → □ → 分、□ → 続

④ 受 → □、災 → □ → 問、□ → 所

上から下、左から右に読むんだね。

①は「シャ」、②は「ホウ」、③は「ゾン」・「ソン」、④は「ナン」、と読む漢字が入ります。

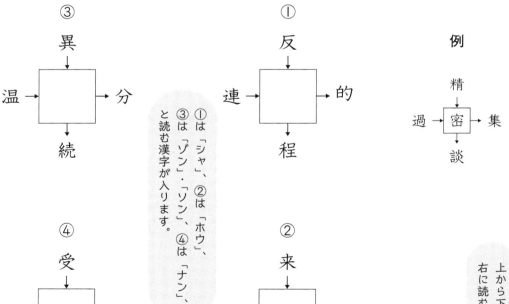

月　　日

練習　ぴったり2

時計の時間と心の時間

1 ――線の漢字の読みがなを書きましょう。

① 弟は火星人の存在を信じている。（　）
② 一刻も早く家に帰りたい。（　）
③ 激動の年月を生きぬく。（　）
④ 簡易ベッドでねる。（　）
⑤ 机の上をきれいにする。（　）
⑥ 難事業を成しとげる。（　）
⑦ 姉は半信半疑で話を聞いていた。（　）
⑧ 心に刻まれた思い出。（　）

2 □に漢字を書きましょう。

① 提案についての□□《しつぎ》応答。
② □□□《べんきょうづくえ》に向かう。
③ □□《なんだい》に取り組む。
④ 自然と□□《きょうぞん》した生活をする。
⑤ 列車の□□□《じこくひょう》を見る。
⑥ 友人との再会に□□《かんげき》する。
⑦ □□《かんたん》に作れる料理。
⑧ 組織の□□《そんぞく》があやぶまれる。
⑨ 耳を□《うたが》うような話を聞く。
⑩ 風雨が□《はげ》しくなってきた。
⑪ ねぎを細かく□《きざ》む。
⑫ 頭に□□《ぎもん》がうかぶ。
⑬ □《むずか》しい漢字を覚える。
⑭ 冷蔵庫に野菜を□□《ほぞん》する。

教科書 56～64ページ
答え 4ページ

　　月　　日

ぴったり1 準備

文の組み立て

教科書 66～67ページ

新しく学習する漢字

券　障　派　警　署　銭　勤　諸　供　収　納　枚　染　宣

教科書 67ページ

券　ケン

つき出さない　6画目の位置注意

使い方
定期券《ていきけん》を買《か》いに行《い》く。
券売機《けんばいき》できっぷを買《か》う。
回数券《かいすうけん》を使《つか》う。

部首：刀（かたな）　8画

字の形に注意

教科書 67ページ

障　ショウ　◆さわる

上より長く　長く　三画で書く

使い方
冷蔵庫《れいぞうこ》が故障《こしょう》する。
日常《にちじょう》の生活《せいかつ》に支障《ししょう》をきたす。
年末《ねんまつ》に障子《しょうじ》を張《は》りかえる。

部首：阝（こざとへん）　14画

形の似た漢字

教科書 67ページ

派　ハ

左下へはらう　はらう　とめる

使い方
空手《からて》には多《おお》くの流派《りゅうは》がある。
反対派《はんたいは》の意見《いけん》を聞《き》く。
父《ちち》が派手《はで》な服《ふく》を着《き》る。

部首：氵（さんずい）　9画

形の似た漢字

教科書 67ページ

警　ケイ

つける　打つ　ななめに

使い方
暴風警報《ぼうふうけいほう》が出《で》て休校《きゅうこう》になる。
汽車《きしゃ》が警笛《けいてき》を鳴《な》らす。
警官《けいかん》に道《みち》をたずねる。

部首：言（げん）　19画

部首

教科書 67ページ

署　ショ

「四」にしない　つける

使い方
署名運動《しょめいうんどう》に参加《さんか》する。
警察署《けいさつしょ》を見学《けんがく》する。
部署《ぶしょ》ごとに会議《かいぎ》をする。

部首：罒（あみがしら・あみめ）　13画

形の似た漢字

月　日

教科書67ページ

銭

わすれない　はねる

セン
◆ぜに

使い方
近所《きんじょ》の銭湯《せんとう》に行《い》く。
一銭《いっせん》の価値《かち》もない。
さい銭箱《せんばこ》にお金《かね》を入《い》れる。

形の似た漢字
銭湯《せんとう》
残暑

8月
31日

銭 かねへん
14画

教科書67ページ

勤

出さない　はねる

キン
つとめる
つとまる
◆ゴン

使い方
自転車《じてんしゃ》で通勤《つうきん》する。
勤《つと》め先《さき》をかえる。
この仕事《しごと》が私《わたし》に勤《つと》まるか心配《しんぱい》だ。

字の形に注意
勤

横画は三本だよ!

勤 ちから
12画

教科書67ページ

諸

下を長く　つける

ショ

使い方
伊豆諸島《いずしょとう》に行《い》く。
諸説《しょせつ》が飛《と》びかう。
諸国《しょこく》の首脳《しゅのう》が会議《かいぎ》をする。

形の似た漢字
諸君《しょくん》
首都

周年記念式典
東京都

諸 ごんべん
15画

教科書67ページ

供

つけない　とめる

キョウ
そなえる
とも
◆ク

使い方
学校《がっこう》に本《ほん》を提供《ていきょう》する。
仏《ぶつ》だんに花《はな》を供《そな》える。
祖母《そぼ》のお供《とも》で出《で》かける。

言葉の使い分け
供《そな》える―神仏に品物を差し出す。
備える―準備をする。

供 にんべん
8画

教科書67ページ

収

つけない　右上へ

シュウ
おさめる
おさまる

使い方
不良品《ふりょうひん》を回収《かいしゅう》する。
父《ちち》のしゅ味《み》は切手《きって》の収集《しゅうしゅう》だ。
本《ほん》を本箱《ほんばこ》に収《おさ》める。

筆順
収

1画目をまちがえないように!

収 また
4画

教科書67ページ

納

とめる　とめる

ノウ
おさめる
おさまる
◆ナッ
◆ナ
◆ナン
◆トウ

使い方
納税《のうぜい》は国民《こくみん》の義務《ぎむ》だ。
服《ふく》を収納《しゅうのう》する家具《かぐ》。
月末《げつまつ》に会費《かいひ》を納《おさ》める。

言葉の使い分け
納《おさ》める―品物やお金を相手にわたす。
収める―元どおりにかたづける。

納 いとへん
10画

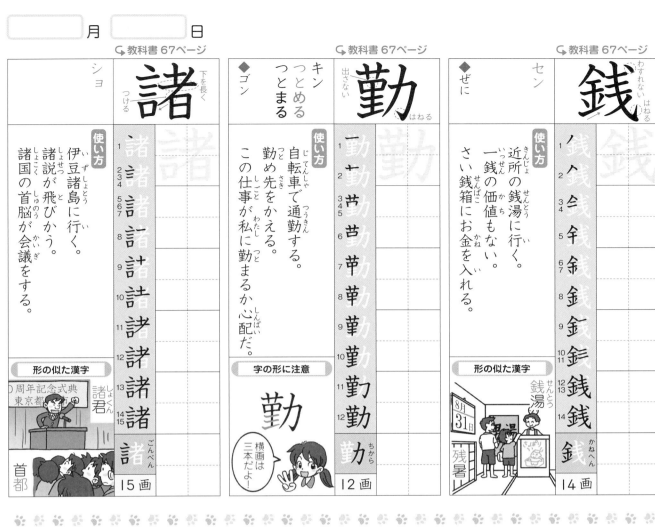

月　　日

教科書67ページ

枚

つける　とめる　はらう

マイ

使い方
プリントの枚数《まいすう》を数《かぞ》える。
テーブルに皿《さら》を三枚《さんまい》並《なら》べる。
大枚《たいまい》をはたいて絵画《かいが》を買《か》う。

1 一　2 十　3 オ　4 木　5 朩　6 杦　7 杦　8 枚

枚　きへん

8画

慣用句
枚挙《まいきょ》に　いとまがない
たくさんありすぎて数え切れない。

教科書67ページ

染

上へはねる　はらう　とめる

そめる
そまる
◆セン
◆しみる
◆しみ

使い方
ほめられてほおを染《そ》める。
染《そ》め物《もの》の着物《きもの》を着《き》る。
夕焼《ゆうや》けで、空《そら》が赤《あか》く染《そ》まる。

1〜9 染

染　き

9画

部首
染
「染」の部首は、「き」だよ。

教科書67ページ

宣

たてに打つ　長く

セン

使い方
新商品《しんしょうひん》を宣伝《せんでん》する。
宣教師《せんきょうし》が布教《ふきょう》活動《かつどう》をする。
開会《かいかい》を宣言《せんげん》する。

1〜9 宣

宣　うかんむり

9画

字の形に注意
宣

4画目をわすれずに書こう。

漢字クイズ3

答え17ページ

☆ 例を参考に、□に当てはまる漢字を書いて、四つの熟《じゅく》語を完成させましょう。

例
回 → 収
吸 → 収 → 集
収 → 納

① 定 → □、時 → □ → 印、□ → 限

② 機 → □、細 → □ → 集、□ → 度

③ 点 → □、連 → □ → 吸、□ → 応

④ 急 → □、感 → □ → 増、□ → 変

上から下、左から右に読むんだね。

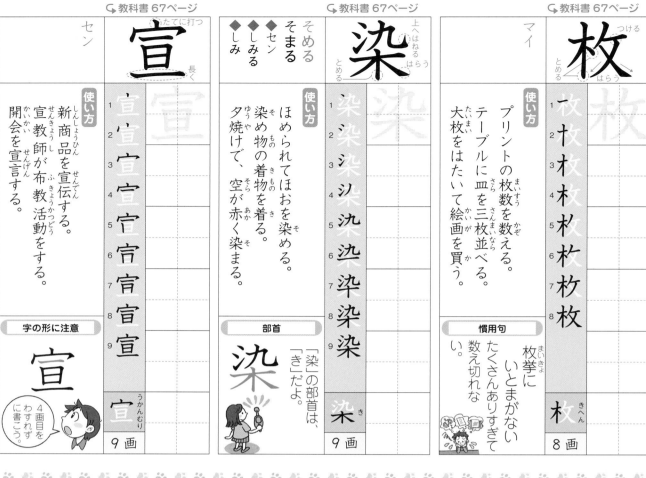

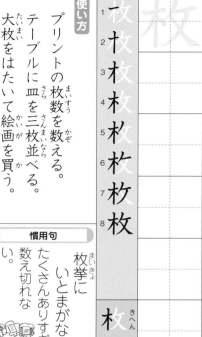

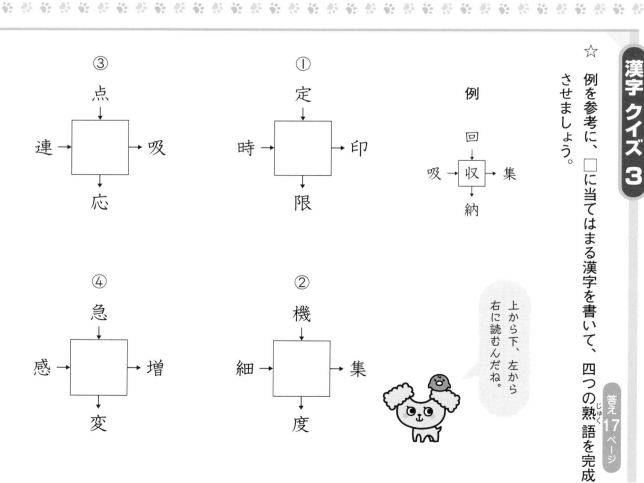

月　　日

ぴったり2
練習
文の組み立て

教科書 66～67ページ
答え 4ページ

1 ——線の漢字の読みがなを書きましょう。

① ランチの食券を買う。（　　）
② 居間の障子をとじる。（　　）
③ 空手の流派を立ち上げる。（　　）
④ 要人の警護をする。（　　）
⑤ 父のお供で買い物に行く。（　　）
⑥ 辞書を本だなに収める。（　　）
⑦ 市民税を納付する。（　　）
⑧ カードの枚数を確かめる。（　　）

2 □に漢字を書きましょう。

① □□□《しょうぼうしょ》を見学する。
② □□《きんせん》のやり取りをする。
③ 父は銀行に□《つと》めている。
④ □□《しょこく》をめぐり歩く。
⑤ □□□《けんばいき》できっぷを買う。
⑥ その方法で□□《ししょう》ありません。
⑦ □□《りっぱ》な建物が完成した。

⑧ 食材を□□《ていきょう》する。
⑨ 銀行の□□《けいび》をする。
⑩ お地蔵さまにお□《そな》え物をする。
⑪ 新作を□□《せんでん》する。
⑫ 水泳教室に指導料を□《おさ》める。
⑬ 布を青く□《そ》める。
⑭ □□《はで》な服はあまり着ない。

文の組み立て

月　　日

1 ――線の漢字の読みがなを書きましょう。

① 会社の人事異動で部署が変わる。（　　）

② 近所の銭湯に行く。（　　）

③ 市役所に勤める。（　　）

④ 旅行先での諸注意を聞く。（　　）

⑤ お店で試供品をもらう。（　　）

⑥ 使用料が未納になっている。（　　）

⑦ 悪習に染まらないようにする。（　　）

⑧ 判事が有罪を宣告した。（　　）

2 □に漢字を書きましょう。

① □□□《にゅうじょうけん》を買う。

② 兄の愛車が□□《こしょう》する。

③ 賛成□《は》として意見を述べる。

④ □□《けいかん》が見回りをする。

⑤ けい約書に□□《しょめい》する。

⑥ つり□《せん》を受け取る。

⑦ 母は市役所に□□《ざいきん》している。

⑧ □□《しょくん》に期待しています。

⑨ 十分な食料を□□《きょうきゅう》する。

⑩ 食物の栄養を□□《きゅうしゅう》する。

⑪ 書類が□□《さんまい》足りないようだ。

⑫ 開会を□□《せんげん》する。

⑬ システムに□□《しょうがい》が発生する。

⑭ 働いて□□《しゅうにゅう》を得る。

教科書 66～67ページ
答え 4ページ

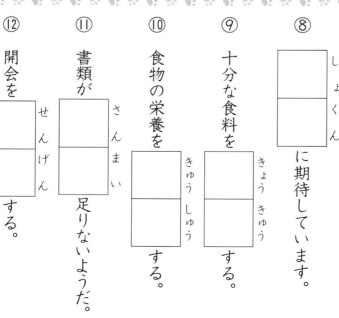

ぴったり1 準備

たのしみは 天地《てんち》の文《ふみ》 デジタル機器と私たち

教科書 68〜81ページ

新しく学習する漢字

暮　探　座　幼　著　権　尊　庁

教科書 68ページ

暮

少し出す　横に少し長く　たてに少し長く

くれる　くらす

◆ボ

使い方

日《ひ》が暮《く》れてから出《で》かける。
悲《かな》しみのなみだに暮《く》れる。
晩年《ばんねん》はいなかで暮《く》らす。

形の似た漢字

夕暮《ゆうぐ》れ

墓地

日《ひ》　14画

教科書 69ページ

探

とめる　はらう　はねる

タン　さがす

◆さぐる

使い方

ジャングルを探検《たんけん》する。
魚群探知機《ぎょぐんたんちき》を使《つか》って漁《りょう》をする。
読《よ》む本《ほん》を探《さが》す。

言葉の使い分け

探《さが》す―必要なものを見つけようとする。
捜《さが》す―見えなくなったものをさがす。

てへん　11画

教科書 70ページ

座

とめる　長く

ザ

◆すわる

使い方

座席《ざせき》にもどる。
星座《せいざ》を観察《かんさつ》する。
正座《せいざ》をして足《あし》がしびれる。

部首

座

「座」の部首は、「まだれ」だよ。

まだれ　10画

教科書 73ページ

幼

おれる　はねる

ヨウ　おさない

使い方

幼稚園《ようちえん》に妹《いもうと》をむかえに行《い》く。
幼虫《ようちゅう》がさなぎになる。
考《かんが》え方《かた》が幼《おさな》い。

反対の意味の言葉

成虫

幼虫《ようちゅう》

幺《よう》 いとがしら　5画

教科書 77ページ

著

つき出す　長く　つける

チョ

◆あらわす

◆いちじるしい

使い方

著名《ちょめい》な作家《さっか》と話《はなし》をする。
本《ほん》の著者《ちょしゃ》を調《しら》べる。
先生《せんせい》の著書《ちょしょ》を読《よ》む。

形の似た漢字

著者《ちょしゃ》

暑い

くさかんむり　11画

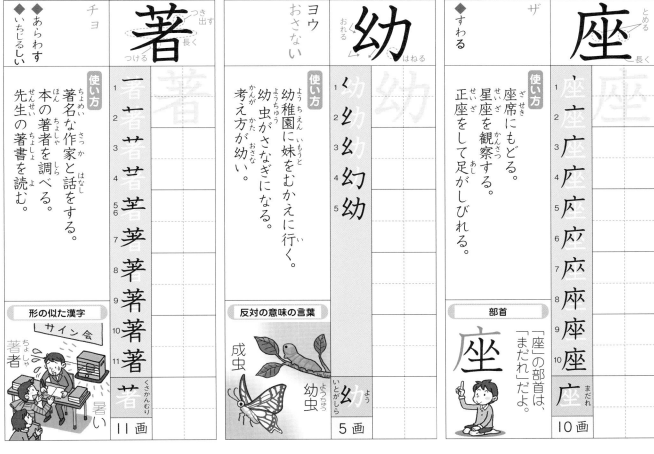

月　日

教科書77ページ

権

ケン
◆ゴン

（つける・とめる）

使い方

権利《けんり》を主張《しゅちょう》する。
政治《せいじ》の実権《じっけん》をにぎる。
主権《しゅけん》は国民《こくみん》にある。

言葉の意味

選挙権《せんきょけん》—選挙で投票できる権利のこと。日本では十八さいで権利を得る。

木 きへん　15画

教科書77ページ

尊

ソン
たっとい
たっとぶ
とうとい
とうとぶ

（曲がりに気をつける・つける・つける・はねる）

使い方

親《おや》を尊敬《そんけい》する。
友達《ともだち》の意見《いけん》を尊重《そんちょう》する。
尊《たっと》《とうと》い命《いのち》を大切《たいせつ》にする。

読み方に注意

尊《たっと》《とうと》い

寸 すん　12画

教科書80ページ

庁

チョウ

（つける・たてに打つ・はねる）

使い方

県庁所在地《けんちょうしょざいち》を覚《おぼ》える。
新《あたら》しい庁舎《ちょうしゃ》を見学《けんがく》する。
父《ちち》は気象庁《きしょうちょう》に勤《つと》めている。

漢字の意味

「庁」には、役所という意味がある。

广 まだれ　5画

漢字クイズ4

☆次の□の漢字と同じ音読みの漢字に○をつけましょう。

答え17ページ

① 吸　（給　供　修）
② 簡　（願　幹　混）
③ 疑　（辞　義　起）
④ 腸　（湯　陽　張）
⑤ 蔵　（倉　存　臓）
⑥ 署　（暑　著　象）

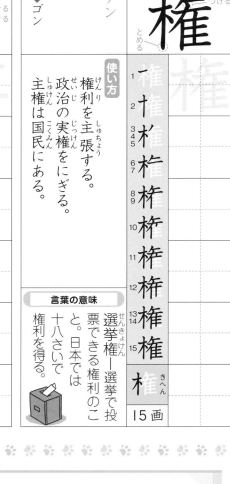

ぴったり2

練習

たのしみは／天地《てんち》の文《ふみ》
デジタル機器と私たち

教科書 68〜81ページ
答え 4ページ

1 ―線の漢字の読みがなを書きましょう。

① 都会で暮らす。（　）
② 深海を探査する。（　）
③ 夜空の星座を見上げる。（　）
④ チョウの幼虫を観察する。（　）
⑤ 著名な科学者の講演を聞く。（　）
⑥ 子どもの学習する権利。（　）
⑦ 尊大な態度を反省する。（　）
⑧ 市庁舎は駅のそばにある。（　）

2 □に漢字を書きましょう。

① 年の□《く》れの大そうじ。
② 町で花屋を□《さが》す。
③ 空いている□□《ざせき》にすわる。
④ □□《ようじ》向けのテレビ番組。
⑤ 本の□□□《ちょしゃめい》を確かめる。
⑥ 基本的□□《じんけん》を守る。
⑦ □《たっと》い教えを知る。

⑧ 妹はまだ□《おさな》い。
⑨ □□□《きしょうちょう》発表の天気予報。
⑩ 真理を□□《たんきゅう》する。
⑪ 君は大きな□□《けんりょく》をもっている。
⑫ あなたの立場を□□《そんちょう》します。
⑬ □□《ゆうぐ》れの空をながめる。
⑭ 旅芸人の□□《いちざ》がやって来る。

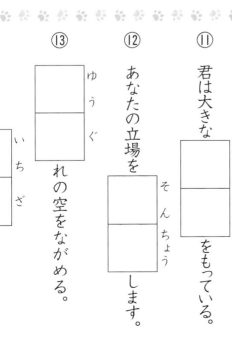

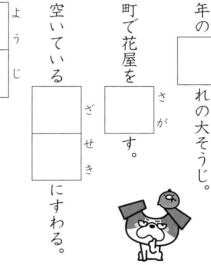

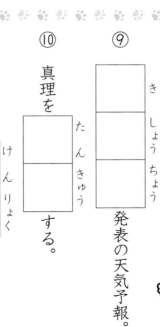

月　日

ぴったり1 準備

私と本

教科書 84〜88ページ

新しく学習する漢字

装　届　沿　冊

装　教科書86ページ

ソウ
◆ショウ
◆よそおう

「土」にしない
方向に注意

使い方
服装《ふくそう》を整《ととの》える。
安全装置《あんぜんそうち》を取《と》り付《つ》ける。
プレゼントを包装《ほうそう》する。

12画　衣（ころも）

部首
「装」の部首は、「ころも」だよ。

ここ!

届　教科書87ページ

とどける
とどく

出す　はらう

使い方
先生《せんせい》に品物《しなもの》を届《とど》ける。
いとこから手紙《てがみ》が届《とど》く。
本《ほん》だなに手《て》が届《とど》く。

8画　尸（かばね・しかばね）

字の形に注意

ちゃんと出してね。「田」じゃないよ。

沿　教科書88ページ

エン
そう

はなす　はらう

使い方
沿道《えんどう》でランナーを応《おう》えんする。
沿岸漁業《えんがんぎょぎょう》がさかんな村《むら》。
川《かわ》に沿《そ》って道《みち》が続《つづ》く。

8画　氵（さんずい）

形の似た漢字

海沿《うみぞ》いの家
海水浴

冊　教科書88ページ

サツ
◆サク

つき出さない　出す　出す　とめる

使い方
試験問題《しけんもんだい》の冊子《さっし》を配《くば》る。
雑誌《ざっし》の別冊《べっさつ》を読《よ》む。
本《ほん》の冊数《さっすう》を数《かぞ》える。

5画　冂（けいがまえ・どうがまえ）

部首
「冊」の部首は、「どうがまえ」だよ。

バランスよく書こう。

「冊」の5画目は、左右につき出るよ。注意して書こう。

月　日

ぴったり2 練習

私と本

1 ——線の漢字の読みがなを書きましょう。

① かつらをつけて変装する。（　　）

② おじの家に届け物をする。（　　）

③ 川に沿って歩く。（　　）

④ 会員に冊子を配る。（　　）

⑤ 仮装行列を見物する。（　　）

⑥ 友達から手紙が届く。（　　）

⑦ 私鉄の沿線で新居を探す。（　　）

⑧ 厚い本を分冊して発行する。（　　）

2 □に漢字を書きましょう。

① 安全□□《そうち》を取り付ける。

② わすれ物を家まで□《とど》けてもらう。

③ 太平洋の□□□《えんがんぶ》。

④ 週刊誌を□□《なんさつ》も買う。

⑤ 建物の□□《がいそう》工事が終わる。

⑥ 社長の意向に□《そ》う企《き》画を考える。

⑦ 本だなの上段に手が□《とど》かない。

⑧ 短歌の□□□《しょうさっし》を作る。

⑨ 花屋の店内を□□《かいそう》する。

⑩ 運動場使用の□《とど》け出をする。

⑪ 駅伝を□□《えんどう》で見る。

⑫ 月刊誌の□□《べっさつ》を出版する。

⑬ 登山前に□□《そうび》を点検する。

教科書 84～88ページ
答え 5ページ

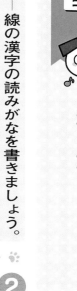

月　日

ぴったり1 準備

星空を届けたい

教科書 89〜97ページ

新しく学習する漢字

宇　宙　俳　誤　幕　晩　模　窓　延　論

教科書 89ページ

宇

ウ

はねる　下を長く

使い方

宇宙旅行《うちゅうりょこう》にあこがれる。

宇宙飛行士《うちゅうひこうし》になる。

宇宙船《うちゅうせん》に乗《の》りこむ。

宇（うかんむり）　6画

字の形に注意

教科書 89ページ

宙

チュウ

つけない

使い方

宙返《ちゅうがえ》りの練習《れんしゅう》をする。

花《はな》びらが宙《ちゅう》にまう。

宙《ちゅう》づりになったおもり。

宀（うかんむり）　8画

字の形に注意

教科書 90ページ

俳

ハイ

少し右上へ　はらう　とめる

使い方

俳句《はいく》の勉強《べんきょう》をする。

祖母《そぼ》は俳人《はいじん》として活《かつ》やくした。

兄《あに》は俳優《はいゆう》を目指《めざ》している。

亻（にんべん）　10画

言葉の意味

俳句《はいく》ー五・七・五の十七音《おん》からなる詩。

教科書 91ページ

誤

ゴ

あやまる

おれる　つける　はなす

使い方

文中《ぶんちゅう》の誤字《ごじ》を直《なお》す。

誤解《ごかい》を解《と》くため説明《せつめい》する。

漢字《かんじ》を誤《あやま》って書《か》く。

言（ごんべん）　14画

言葉の使い分け

誤《あやま》るーまちがえる。

謝《あやま》るーわびる。

教科書 95ページ

幕

マク　バク

出す　とめる　はねる

使い方

映画《えいが》の字幕《じまく》を見《み》る。

あっけない幕切《まくぎ》れの劇《げき》。

幕末《ばくまつ》に活《かつ》やくした武士《ぶし》。

巾（はば）　13画

部首

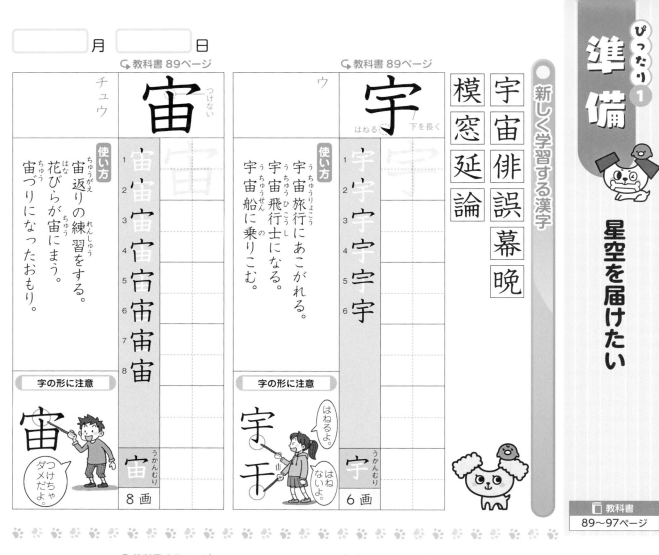

月　　日

教科書95ページ

晩

バン

つける　上へはねる　はらう

使い方
今晩《こんばん》、花火大会《はなびたいかい》がある。
晩《ばん》ご飯《はん》の用意《ようい》を手伝《てつだ》う。
晩年《ばんねん》をゆっくり過《す》ごす。

対《つい》になる言葉

晩《ばん》

朝

日 ひへん　12画

教科書96ページ

模

モ　ボ

とめる　はらう

使い方
水玉模様《みずたまもよう》のスカート。
名画《めいが》を模写《もしゃ》する。
大規模《だいきぼ》な工事《こうじ》が始《はじ》まる。

いろいろな読み方

店の規模《きぼ》。
模型《もけい》

木 きへん　14画

教科書97ページ

窓

ソウ　まど

たてに打つ

使い方
車窓《しゃそう》から景色《けしき》をながめる。
同窓会《どうそうかい》に出席《しゅっせき》する。
窓辺《まどべ》に立《た》って外《そと》を見《み》る。

部首

窓
「窓」の部首は、「あなかんむり」だよ。

穴 あなかんむり　11画

教科書97ページ

延

エン　のびる　のべる　のばす

左下へ　つき出す　はらう

使い方
運動会《うんどうかい》が延期《えんき》される。
雨《あめ》で遠足《えんそく》の日《ひ》が延《の》びる。
出発《しゅっぱつ》を延《の》ばす。

言葉の使い分け

延《の》びる―時間が長引く。
伸《の》びる―成長する。

廴 えんにょう　8画

教科書97ページ

論

ロン

ななめに打つ　つき出さない　はねる

使い方
姉《あね》と口論《こうろん》になる。
英語《えいご》の弁論大会《べんろんたいかい》に出場《しゅつじょう》する。
友達《ともだち》の意見《いけん》に反論《はんろん》する。

形の似た漢字

口論《こうろん》
首輪

言 ごんべん　15画

読み方が新しい漢字

漢字	読み方	使い方	前に出た読み方
男	ナン	長男《ちょうなん》と次男《じなん》	男《おとこ》の子《こ》　男女《だんじょ》

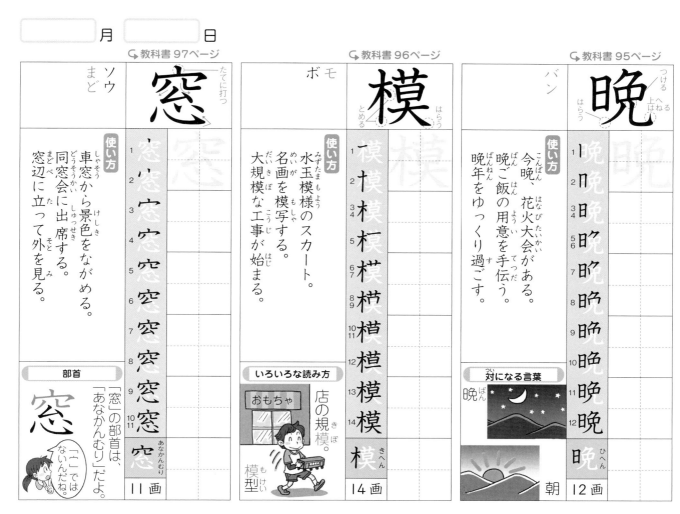

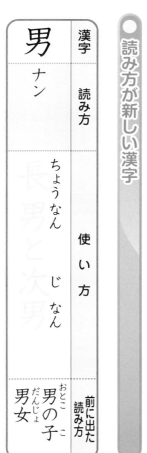

（　　）月（　　）日

ぴったり2 練習

星空を届けたい

1 ――線の漢字の読みがなを書きましょう。

① 宇宙船で月に行く夢を見た。（　　）

② 作文に誤字がないか見直す。（　　）

③ スクリーンの字幕を読む。（　　）

④ 画家が晩年にかいた絵を見る。（　　）

⑤ 飛行機の模型を作る。（　　）

⑥ 長女と次男は中学生だ。（　　）

⑦ 入場者が延べ一万人をこえる。（　　）

⑧ 君の意見は論外だ。（　　）

2 □に漢字を書きましょう。

① □□《さくばん》は夜ふかししてしまった。

② □□□《だいきぼ》な開発が進む。

③ □□《まどべ》で本を読む。

④ マットの上で前方□《ちゅう》返りをする。

⑤ 父は旅先で□□《はいく》をよむ。

⑥ 君のことを□□《ごかい》していた。

⑦ □□《ばくまつ》の歴史を勉強する。

⑧ あせったせいで判断を□《あやま》る。

⑨ あの事件の□□《くろまく》がわかった。

⑩ □□《ばんしゅう》の奈良を旅する。

⑪ 花の□□《もよう》が付いたハンカチ。

⑫ 高校の□□□《どうそうかい》に行く。

⑬ 開園期間が□□《えんちょう》される。

⑭ 話し合って□□《けつろん》を出す。

教科書 89〜97ページ
答え 5ページ

月　日

星空を届けたい

1 ――線の漢字の読みがなを書きましょう。

① 演出で宙づりになる。（　）

② 俳人の小林一茶《こばやしいっさ》の研究をする。（　）

③ 事件は幕を閉《と》じた。（　）

④ 一晩中、ねむれなかった。（　）

⑤ 模造紙に絵をかく。（　）

⑥ 天窓から光が差しこむ。（　）

⑦ 運動会が雨で延期になる。（　）

⑧ 今回は議論が白熱した。（　）

2 □に漢字を書きましょう。

① □□《しゃそう》の風景を楽しむ。

② 開始時刻を□《の》ばすことにした。

③ □□《げんろん》の自由が尊重される。

④ □□《うちゅう》開発の事業に参加する。

⑤ あの人の反対は□□《ごさん》だった。

⑥ 徳川《とくがわ》□□《ばくふ》の制度を研究する。

⑦ □□《あさばん》の冷えこみがきびしい。

⑧ 私は映画□《はい》優《ゆう》になりたい。

⑨ この記事は□□《ごほう》だとわかった。

⑩ プロ野球が□□《かいまく》する。

⑪ 名画の□□《もしゃ》をする。

⑫ 銀行の□□《まどぐち》で順番を待つ。

⑬ 質問が多くて授業が□《の》びる。

⑭ おばの□□《さんなん》が高校に入学した。

教科書 89～97ページ
答え 5ページ

夏のチャレンジテスト①

時間30分　／100　合格80点

教科書 25〜97ページ　答え 6ページ

1 ――線の漢字の読みがなを書きましょう。　一つ2点（32点）

① 五枚（　）のハンカチを洗（　）う。

② 映画（　）のチケットを券売機に並（　）んで買う。

③ 地域（　）の夏祭りに延（　）べ二千人が集まった。

④ 父は警察署（　）に長いこと勤務（　）している。

⑤ 臨時（　）の仕事で、日暮（　）れまで働く。

⑥ 砂場（　）のあたりに捨（　）てられたごみを拾う。

⑦ 昨晩（　）から手帳が見当たらなくて探（　）している。

⑧ 幼（　）い弟を背負って、祖父の家に届（　）け物をする。

2 次の漢字の赤い部分は、何画目に書きますか。数字で答えましょう。　一つ2点（10点）

① 俳（　）画目

② 域（　）画目

③ 供（　）画目

④ 就（　）画目

⑤ 座（　）画目

3 □に漢字を書きましょう。

一つ2点(28点)

① 空が赤く□《そ》まる。

② 光が□□《はんしゃ》する。

③ 本を二□《さつ》借りる。

④ □□《いぎ》を唱える。

⑤ 責任を□□《りっぱ》に果たす。

⑥ □□《だんかい》をふんで学ぶ。

⑦ □《つくえ》の中を整理する。

⑧ 姉は□□《ずのう》明せきだ。

⑨ □□《けんちょう》所在地

⑩ 客船の□□《もけい》。

⑪ 自分の目を□《うたが》う。

⑫ □□《かんけつ》に述べる。

⑬ 応急□□《しょち》をする。

⑭ 犬が□《した》を出している。

4 次の字は、同じ漢字でもそれぞれちがう読み方をします。読みがなを書きましょう。

一つ2点(12点)

① 保存（　　）　存在（　　）

② 字幕（　　）　幕末（　　）

③ 供える（　　）　お供する（　　）

5 次の□に、上で示した読み方をする漢字を入れて、熟語《じゅくご》を完成させましょう。

一つ3点(18点)

① シ　ア □野　イ 雑□

② サイ　ア □心　イ □判所

③ ナン　ア 次□　イ □問

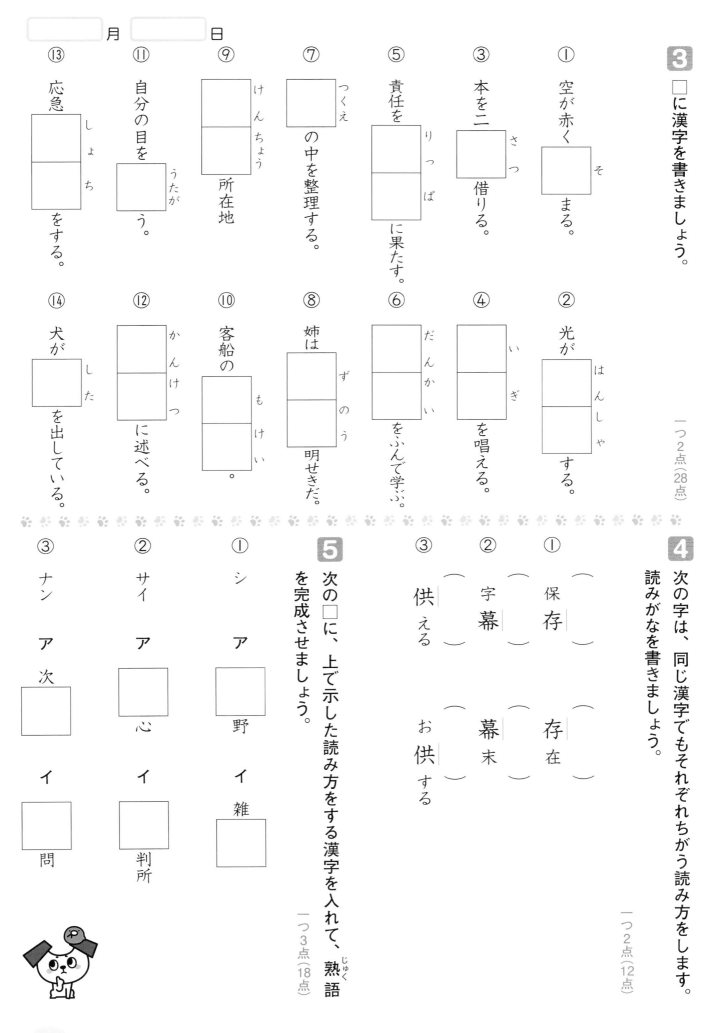

月　　日

夏のチャレンジテスト②

1 ――線の漢字の読みがなを書きましょう。

一つ2点（32点）

① バス路線に沿（　　）って商店街が拡大（　　）していった。

② 「事実とは異（　　）なる。」と、反論（　　）する。

③ 美術館の所蔵（　　）する作品が展示（　　）されている。

④ 裁判所（　　）で近代日本の法律（　　）について話を聞く。

⑤ 著作物（　　）を本だなに収（　　）める。

⑥ 新しい月刊誌（　　）の発行は、来年以降（　　）になる。

⑦ もうすぐ蒸気（　　）機関車が出発する時刻（　　）だ。

⑧ 税金を誤（　　）った金額で納付（　　）してしまった。

2 次の意味をもつ熟《じゅく》語を、□の漢字を組み合わせて作りましょう。

一つ2点（12点）

① ひどくえらそうに人を見下した態度であること。

② 息をすったりはいたりすること。

③ 古くからの話などを、受けついでつたえること。

④ 主張や信条を広く外部に表明すること。

⑤ いろいろな土地や人をたずね歩くこと。

⑥ もよおしものなどが始まること。

一文字目　開　歴　呼　伝　宣　尊

二文字目　大　訪　承　言　幕　吸

時間30分　／100　合格80点

教科書 25～97ページ　答え 6ページ

月　日

3 □に漢字を書きましょう。

一つ2点（28点）

① 正当な□□《けんり》が□《みと》められる。

② □□《おんし》の教えに□《したが》う。

③ □□《しゅうしょく》して、□□□《ていきけん》を買う。

④ □□《せいざ》をながめて、□□《うちゅう》に思いをはせる。

⑤ トンネルをぬけると、□□《しかい》が□□《きゅうげき》に開けた。

⑥ 山でマツタケを□《さが》したが、見つけるのは□《むずか》しかった。

⑦ 工場で、部品の製造□□《そうち》が□□《こしょう》する。

4 次の漢字の総画数を漢字で答えましょう。

一つ2点（12点）

① 吸 □画

② 展 □画

③ 蒸 □画

④ 腸 □画

⑤ 誤 □画

⑥ 蔵 □画

5 次の文から、まちがって使われている漢字をぬき出し、正しい漢字を書きましょう。

上下それぞれ一つ2点（16点）

例 上下《じょうげ》間係《かんけい》がきびしい会社《かいしゃ》。 → ×間 ○関

① 弓矢《ゆみや》で的《まと》を謝《い》る。 ×□ ○□

② 単準明快《たんじゅんめいかい》な解答《かいとう》を導《みちび》いた。 ×□ ○□

③ 失敗《しっぱい》して復《はら》を立《た》てても無意味《むいみ》だ。 ×□ ○□

④ 浅湯《せんとう》に行《い》って、体《からだ》を清潔《せいけつ》にした。 ×□ ○□

月　　日

ぴったり1 準備

名づけられた葉
インターネットでニュースを読もう
文章を推敲《こう》しよう

教科書 100～109ページ

新しく学習する漢字

樹 覧 値 源 退 厳 優 推 貴 策

教科書100ページ

樹 ジュ

（下を短く／はねる／右上へ）

使い方
果樹園《かじゅえん》で手伝《てつだ》いをする。
記念日《きねんび》に植樹《しょくじゅ》を行《おこな》う。
針葉樹林《しんようじゅりん》が広《ひろ》がる。

ことわざ
寄《よ》らば大樹《たいじゅ》のかげ
たよるなら、力のある人にたよったほうがよいこと。

樹 きへん　16画

教科書105ページ

覧 ラン

（「ケ」にしない／上へはねる／つける）

使い方
友達《ともだち》と展覧会《てんらんかい》に行《い》く。
座席《ざせき》の一覧表《いちらんひょう》を作《つく》る。
観覧車《かんらんしゃ》から見《み》える景色《けしき》。

部首
「覧」の部首は、「みる」だよ。

覧 みる　17画

教科書105ページ

値 チ　ね　◆あたい

（つける／おれる）

使い方
物《もの》の価値《かち》を考《かんが》える。
平均値《へいきんち》を計算《けいさん》する。
値打《ねう》ちのある絵画《かいが》。

形の似た漢字
値段《ねだん》
植物

値 にんべん　10画

教科書105ページ

源 ゲン　みなもと

（つける／とめる／はらう／はねる）

使い方
辞書《じしょ》で語源《ごげん》を調《しら》べる。
資源《しげん》を大切《たいせつ》にする。
川《かわ》の源《みなもと》までさかのぼる。

漢字の意味
「源」には、水の流れや物事の始まりという意味がある。

源 さんずい　13画

教科書105ページ

退 タイ　しりぞく　しりぞける

（はねる／とめる）

使い方
けがが治《なお》り、退院《たいいん》する。
社長《しゃちょう》の地位《ちい》から退《しりぞ》く。
反対意見《はんたいいけん》を退《しりぞ》ける。

反対の意味の言葉
入院
退院《たいいん》

退 しんにょう（しんにゅう）　9画

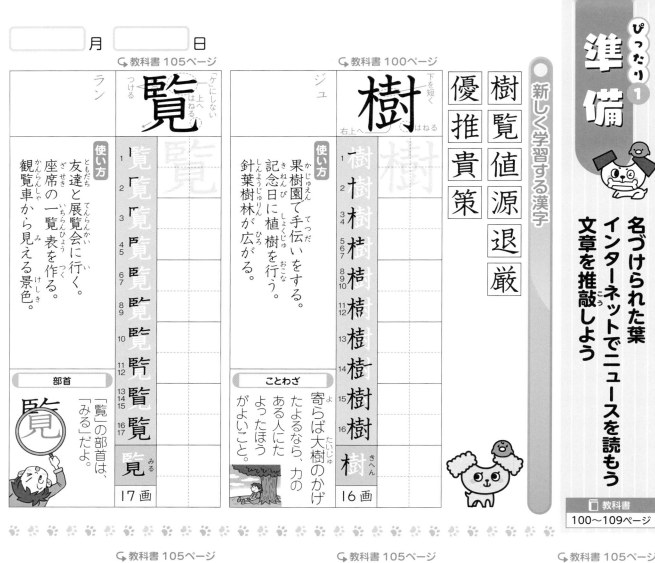

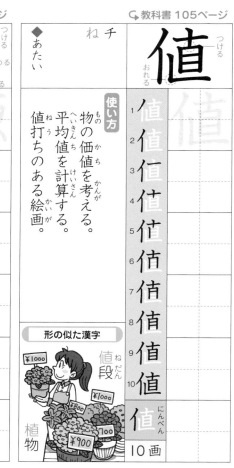

月　　日

教科書105ページ

厳

ゲン
きびしい
◆ゴン
◆おごそか

つき出さない

使い方

厳格《げんかく》な父《ちち》に育《そだ》てられる。
商品《しょうひん》を厳重《げんじゅう》に管理《かんり》する。
厳《きび》しい練習《れんしゅう》にたえる。

送りがな

厳
し
い

厳 つかんむり

17画

教科書105ページ

優

ユウ
◆やさしい
◆すぐれる

「百」にしない　はらう

使い方

優勝《ゆうしょう》決定戦《けっていせん》が始《はじ》まる。
優先席《ゆうせんせき》をゆずる。
声優《せいゆう》を目指《めざ》して勉強《べんきょう》する。

四字熟語《じゅくご》

優柔不断《ゆうじゅうふだん》
物事をはっきり決められない様子。

MENU

優 にんべん

17画

教科書106ページ

推

スイ
◆おす

つける　はねる

使い方

推理小説《すいりしょうせつ》を書《か》く。
人口《じんこう》の推移《すいい》を調《しら》べる。
計画《けいかく》を推進《すいしん》する。

部首

推

筆順にも注意しよう！

推 てへん

11画

教科書106ページ

貴

キ
◆たっとい
◆たっとぶ
◆とうとい
◆とうとぶ

つき出す　長く　とめる

使い方

貴重《きちょう》な経験《けいけん》をする。
高貴《こうき》な家《いえ》がらに生《う》まれる。
貴金属《ききんぞく》で身《み》をかざる。

読み方に注意

○ 貴重《きちょう》
× きじゅう

気をつけよう。

貴 かい こがい

12画

教科書109ページ

策

サク

はねる　はらう　はらう

使い方

敵《てき》の策略《さくりゃく》にひっかかる。
水害《すいがい》の対策《たいさく》に取《と》り組《く》む。
先《さき》にあやまるほうが得策《とくさく》だ。

字の形に注意

策

「束」ではないよ！

策 たけかんむり

12画

「優」は、「憂」の上の部分を「百」と書かないように気をつけましょう。

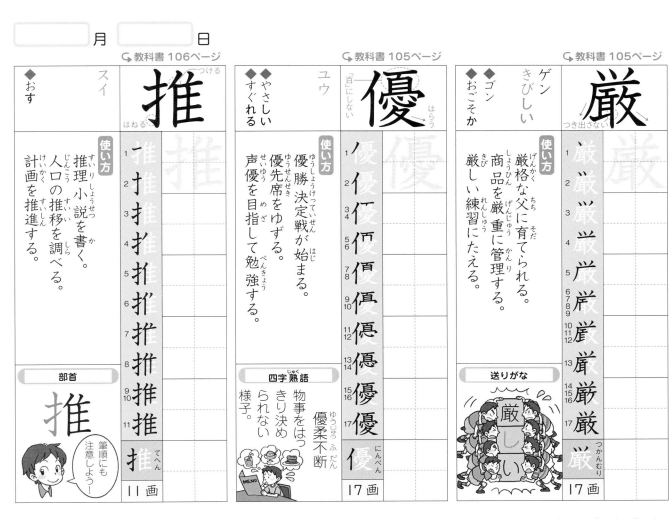

月　日

ぴったり2 練習

名づけられた葉
インターネットでニュースを読もう
文章を推敲《こう》しよう

教科書 100〜109ページ
答え 7ページ

1 ――線の漢字の読みがなを書きましょう。

①（　　）森の樹木を調べる。
②（　　）美術品に高値がつく。
③（　　）第一線から退く。
④（　　）厳格な決まりがある。
⑤（　　）私の夢は俳優になることだ。
⑥（　　）大規模開発が推進されている。
⑦（　　）昔の貴族をえがいた絵画。
⑧（　　）新しい政策をおし進める。

2 □に漢字を書きましょう。

① 父はとても□《きび》しい人だ。
② 我々は必ず□□《ゆうしょう》する。
③ 科学史に残る□□《きちょう》な発見。
④ □□□《かいけつさく》が見つかった。
⑤ 元気の□《みなもと》は朝の運動だ。
⑥ こちらをご□《らん》ください。
⑦ 食料品の□□《ねあ》げが続く。

⑧ □□□《かんらんしゃ》に乗る。
⑨ 体重測定の□□《すうち》が気になる。
⑩ 人類の□□《きげん》を調べる。
⑪ 提出期限は□□《げんしゅ》してください。
⑫ 野球部を□□《いんたい》する。
⑬ □□□《かじゅえん》で働く。
⑭ □□《すいり》小説を読む。

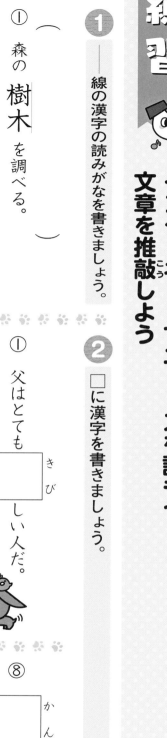

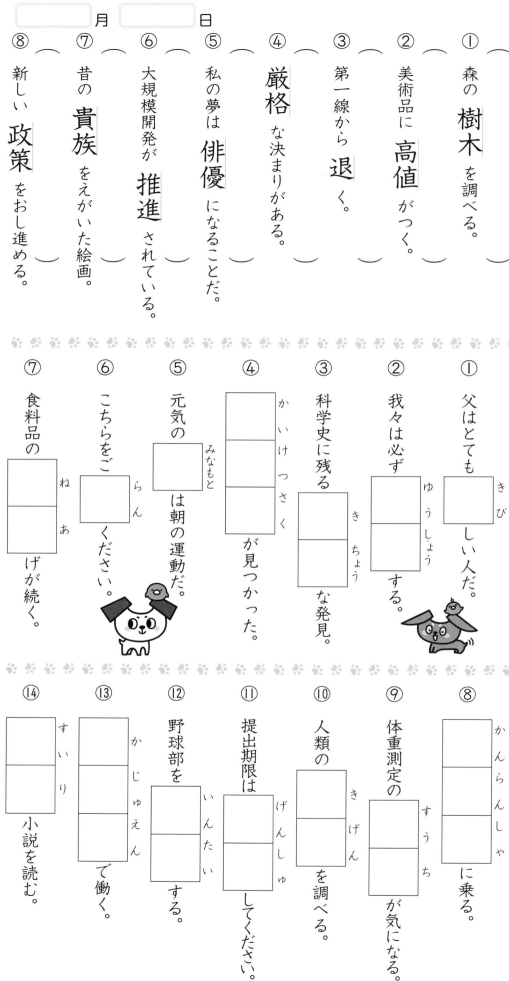

ぴったり2 練習

漢字の広場②　5年生で習った漢字

教科書 110ページ
答え 7ページ

1　――線の漢字の読みがなを書きましょう。

① 休日は遊園地が混雑する。（　　）
② はしごを下で支える。（　　）
③ 学校の規則を守る。（　　）
④ 絵をピンでしっかり留める。（　　）
⑤ 酸味の強いジュースを飲む。（　　）
⑥ みそを専《せん》用の容器に入れる。（　　）
⑦ 仮面をかぶった役者が登場する。（　　）
⑧ 条件付きで許可してもらう。（　　）

2　□に漢字を書きましょう。

① 立派な□□《どうぞう》を建てる。
② おやつが少し□《あま》る。
③ □□《そふ》の家にとまりに行く。
④ □□《かのう》な限り努力する。
⑤ スキー用具の□《か》し出しをする。
⑥ 食事のさそいを□《ことわ》る。
⑦ □□《じゅんじょ》よく説明する。

⑧ □□《おおぜい》で遊びに行く。
⑨ 校内の□□《りゃくず》をかく。
⑩ □□□《にがおえ》をかいてもらう。
⑪ 花びんに入っている水を□《へ》らす。
⑫ 答えを□《たし》かめる。
⑬ 子ども会の会員を□《ふ》やす。
⑭ 二つのりんごの大きさを□《くら》べる。

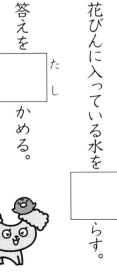

ぴったり1 準備

やまなし　イーハトーヴの夢

教科書 111〜134ページ

新しく学習する漢字

縮　棒　熟　尺　寸　揮　痛　批　傷　若　閉　遺　翌

教科書114ページ

縮

シュク
ちぢむ
ちぢまる
ちぢめる
ちぢれる
ちぢらす

たてに打つ　つけるところに注意　とめる

使い方

今週《こんしゅう》は短縮授業《たんしゅくじゅぎょう》だ。
町《まち》の縮図《しゅくず》を作成《さくせい》する。
じょじょに点差《てんさ》が縮《ちぢ》まる。

かなづかいに注意

○ちぢむ　×ちじむ

いとへん　17画

教科書114ページ

棒

ボウ

つけるところに注意

使い方

鉄棒《てつぼう》で逆上《さかあ》がりの練習《れんしゅう》をする。
資料《しりょう》を棒《ぼう》グラフで表《あらわ》す。
台本《だいほん》を棒読《ぼうよ》みする。

ことわざ

犬《いぬ》も歩《ある》けば棒《ぼう》に当《あ》たる
思いがけないことにあう。

きへん　12画

教科書122ページ

熟

ジュク
◆うれる

わすれない　右上へ

使い方

文章《ぶんしょう》を熟読《じゅくどく》する。
新《あたら》しい熟語《じゅくご》を覚《おぼ》える。
かきの実《み》が熟《じゅく》す。

形の似た漢字

半熟《はんじゅく》の卵《たまご》。

れんが・れっか　15画

教科書125ページ

尺

シャク

つけるところに注意　はらう

使い方

尺八《しゃくはち》をふいてみる。
ちがう尺度《しゃくど》で評価《ひょうか》する。
巻《ま》き尺《じゃく》で長《なが》さを測《はか》る。

字の形に注意

すき間をあけてね。「人」ではないよ。

しかばね・かばね　4画

教科書125ページ

寸

スン

はねる

使い方

上着《うわぎ》の寸法《すんぽう》を測《はか》る。
台風《たいふう》で道路《どうろ》が寸断《すんだん》される。
ゴール寸前《すんぜん》で追《お》いぬく。

言葉の意味

「一寸《いっすん》」は約三センチメートル。

すん　3画

月　日

教科書126ページ

揮

少し長く　はねる

キ

使い方

実力《じつりょく》を発揮《はっき》して勝《か》つ。
チームの指揮《しき》をとる。
揮発性《きはっせい》が高《たか》い液体《えきたい》。

筆順

揮（1・2・3）

1〜3画目に注意しよう。

揮 てへん　12画

教科書128ページ

痛

方向に注意　とめる　はねる

ツウ
いたい
いたむ
いためる

使い方

悲痛《ひつう》な様子《ようす》で話《はな》す。
おなかが痛《いた》い。
足《あし》の古傷《ふるきず》が痛《いた》む。

形の似た漢字

通
過

痛《いた》い

痛 やまいだれ　12画

教科書128ページ

批

横にひく　左下へはらう　上へはねる　はねる

ヒ

使い方

欠点《けってん》を批判《ひはん》する。
小説《しょうせつ》の批評《ひひょう》を読《よ》む。
批判的《ひはんてき》な態度《たいど》をとる。

字の形に注意

批

5画目は一画で書くよ！

批 てへん　7画

教科書128ページ

傷

わすれない　つけるところに注意　はねる

ショウ
きず
◆いたむ
◆いためる

使い方

負傷者《ふしょうしゃ》を病院《びょういん》に運《はこ》ぶ。
車体《しゃたい》が損傷《そんしょう》する。
傷口《きずぐち》を手当《てあ》てする。

字の形に注意

傷

「昜」ではないので注意しよう。

傷 にんべん　13画

教科書129ページ

若

つける　少し長く

わかい
◆ジャク
◆ニャク
◆もしくは

使い方

祖父《そふ》はとても気《き》が若《わか》い。
若手《わかて》が活《かつ》やくして勝《か》つ。
若葉《わかば》の美《うつく》しい季節《きせつ》。

四字熟語

老若男女《ろうにゃくなんにょ》
お年寄りも若者《わかもの》も、男も女も。全ての人。

若 くさかんむり　8画

教科書130ページ

閉

はねる

ヘイ
とじる
しめる
しまる
◆とざす

使い方

駅前《えきまえ》のパン屋《や》が閉店《へいてん》する。
ゆっくりと目《め》を閉《と》じる。
部屋《へや》の窓《まど》を閉《し》める

反対の意味の言葉

閉《し》める
開ける

閉 もんがまえ　11画

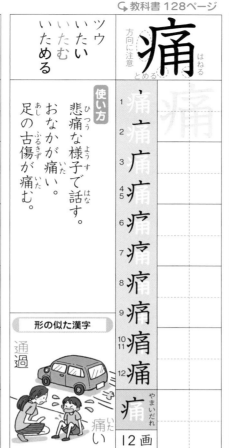

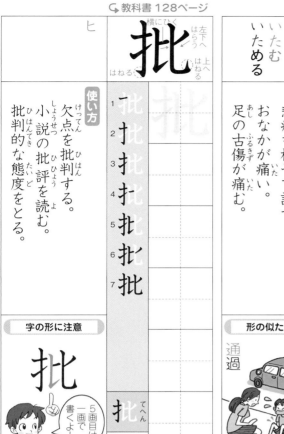

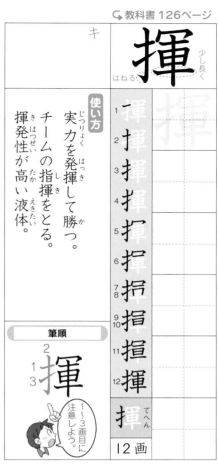

教科書130ページ

遺

イ

◆ユイ

つき出す　はらう　とめる

使い方

遺跡《いせき》を見学《けんがく》する。

遺産《いさん》を相続《そうぞく》する。

遺伝子《いでんし》の研究《けんきゅう》をする。

形の似た漢字

遺産《いさん》

貴重

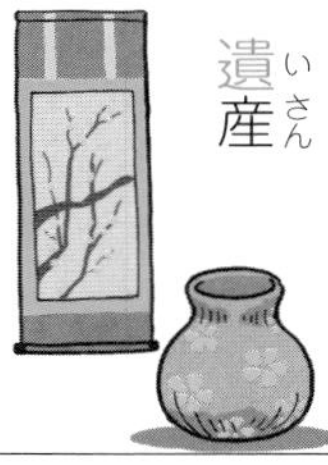

15画　しんにょう　しんにゅう

教科書130ページ

翌

ヨク

はねる　たてに打つ　方向に注意

使い方

翌月《よくげつ》の予定《よてい》を立《た》てる。

翌年《よくねん》、卒業《そつぎょう》する。

翌朝《よくあさ》《よくちょう》に目的地《もくてきち》に着《つ》いた。

形の似た漢字

翌日《よくじつ》の用意。

習字

11画

「翌」という字には、あくる（あけた）、次の、などの意味があるよ。

漢字クイズ5

☆次の漢字の一部には、共通の部首が付きます。その部首を□に書きましょう。

答え17ページ

すべてに「へん」が付くね。

① 夅・完・方・章 → □ 部首

② 侖・者・呉・忍 → □

③ 戋・広・同・录 → □

④ 広・采・比・軍 → □

やまなし
イーハトーヴの夢

　　月　　日

1 ――線の漢字の読みがなを書きましょう。

① 労働時間を短縮する。（　　）

② 一尺はおよそ三十センチメートル。（　　）

③ 揮発性の液体なので注意しよう。（　　）

④ 痛み止めの薬を飲む。（　　）

⑤ 意見を批判された。（　　）

⑥ あの会社は若手の社員が多い。（　　）

⑦ 本を静かに閉じる。（　　）

⑧ 祖母は遺族年金を受給している。（　　）

2 □に漢字を書きましょう。

① □□□《げんすんだい》の模型を作る。

② □□□《しきしゃ》を見ながら歌う。

③ 少し□□《ずつう》がする。

④ 事故にあったが□□《けいしょう》ですんだ。

⑤ 水につかった布が□《ちぢ》れた。

⑥ □□《てつぼう》で逆上がりをする。

⑦ 教科書を□□《じゅくどく》する。

⑧ その事件ならば□□《じゅくち》している。

⑨ □□《しゃくはち》で新しい曲を練習する。

⑩ 門を□□《かいへい》する。

⑪ 警視庁の□□□《いしつぶつ》センター。

⑫ 台風が去った□□《よくあさ》は晴天だ。

⑬ 祖父の□《わか》いころの写真を見る。

⑭ □□《きずぐち》を消毒する。

教科書 111～134ページ
答え 7ページ

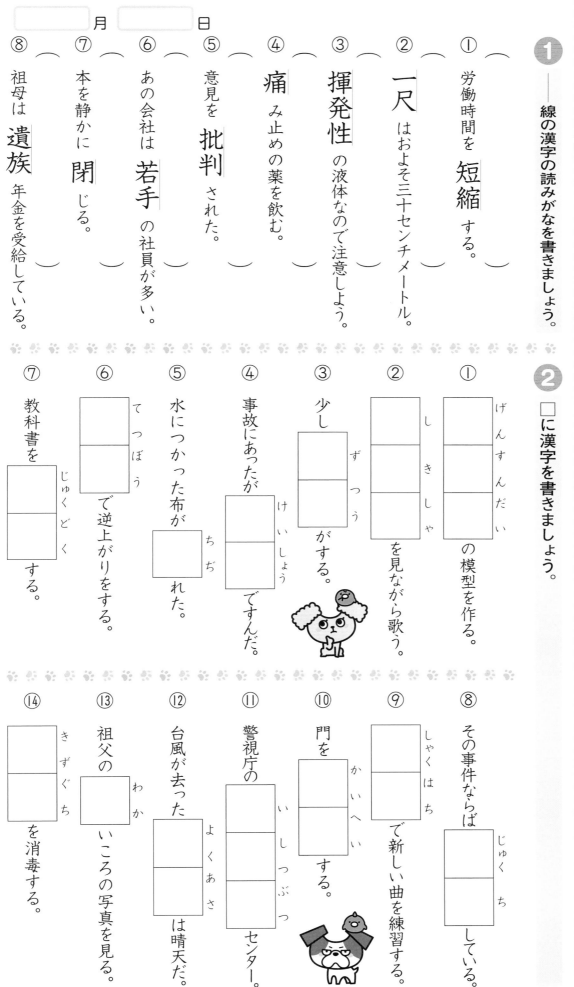

ぴったり2 練習

やまなし
イーハトーヴの夢

教科書 111〜134ページ
答え 7ページ

月　　日

1 ――線の漢字の読みがなを書きましょう。

①（　　）卒業式の翌日に旅行に出発する。
②（　　）オリンピックの閉会式。
③（　　）人の心を傷つけないようにする。
④（　　）試合に勝って痛快な気分だ。
⑤（　　）一位との差を縮める。
⑥（　　）木の棒を持ち上げる。
⑦（　　）熟したメロンを食べる。
⑧（　　）一寸先も見通せない暗さ。

2 □に漢字を書きましょう。

① 図を□□《しゅくしょう》する。
② 新しい□□《じゅくご》を覚える。
③ 君は大事な□□《あいぼう》だ。
④ 洋服の□□《すんぽう》を測る。
⑤ 音楽の才能を□□《はっき》する。
⑥ □□《しゃくと》り虫がはっている。
⑦ 転んで足を□《いた》める。

⑧ 祖父の□□《いさん》を受けついだ。
⑨ □□□《かんしょうてき》で物悲しい曲。
⑩ □□《わかば》がしげる。
⑪ 店が早く□《し》まる。
⑫ 映画の□□《ひひょう》を読む。
⑬ 音楽家の□□《いさく》となった作品。
⑭ □□《よくしゅう》の予定を聞いておく。

月　　日

ぴったり2 練習

漢字の広場③ 5年生で習った漢字

1 ――線の漢字の読みがなを書きましょう。

① パーティーの招待状が届く。（　　）

② 正義の味方が主人公の物語を読む。（　　）

③ 独りで公園へ行く。（　　）

④ 気象を観測して暴風雨に備える。（　　）

⑤ チームワークの悪さに絶望する。（　　）

⑥ 雲にかくれていた月が現れる。（　　）

⑦ 台風で窓ガラスが破損する。（　　）

⑧ 夜の墓場の横道を歩く。（　　）

2 □に漢字を書きましょう。

① 知らない土地で道に□《まよ》う。

② 目的地までバスで□□《いどう》する。

③ 庭で犬を□《か》う。

④ □□《はくしき》の人の話を聞く。

⑤ 体力の□□《げんかい》を感じる。

⑥ □《ひさ》しぶりに飛行機に乗った。

⑦ □□《かいてき》な船旅を楽しむ。

⑧ 親友との□□《さいかい》を喜ぶ。

⑨ □□《かんしゃ》の言葉を述べる。

⑩ □《けわ》しい山道を進む。

⑪ □《ゆめ》の中で木から落ちた。

⑫ わからないことを□□《しつもん》する。

⑬ □□□□《さっぷうけい》な妹の部屋。

⑭ □□□□《ひじょうじたい》が発生する。

教科書 135ページ
答え 8ページ

月　日

熟語の成り立ち

教科書 136〜137ページ

新しく学習する漢字

縦 頂 忠 誠 敵 蚕 己 除

仁 泉 裏 系 盟 欲 株

教科書136ページ

縦（16画）

ジュウ　たて

わすれない　はらう　とめる

部首：糸（いとへん）

使い方

日本列島《にほんれっとう》を自転車《じてんしゃ》で縦断《じゅうだん》する。
船《ふね》を操縦《そうじゅう》する。
縦笛《たてぶえ》を練習《れんしゅう》する。

反対の意味の漢字

横　縦《たて》

教科書136ページ

頂（11画）

チョウ　いただく　いただき

とめる　はねる

部首：頁（おおがい）

使い方

出世《しゅっせ》して頂点《ちょうてん》までのぼりつめる。
ごちそうを頂《いただ》く。
山《やま》の頂《いただき》に立《た》つ。

形の似た漢字

預《あず》ける　山頂《さんちょう》

教科書136ページ

忠（8画）

チュウ

とめる　はねる

部首：心（こころ）

使い方

忠実《ちゅうじつ》に命令《めいれい》に従《したが》う。
友人《ゆうじん》に忠告《ちゅうこく》する。
忠誠《ちゅうせい》をちかう。

漢字の覚え方

中心にすわる忠犬《ちゅうけん》。

教科書136ページ

誠（13画）

セイ　◆まこと

ななめに打つ　わすれない　はねる　はねる

部首：言（ごんべん）

使い方

誠実《せいじつ》な態度《たいど》で接《せっ》する。
誠心誠意《せいしんせいい》あやまる。
誠意《せいい》をもって対応《たいおう》する。

字の形に注意

教科書136ページ

敵（15画）

テキ　◆かたき

「商」にしない

部首：攵（ぼくづくり／のぶん）

使い方

無敵《むてき》のチームが負《ま》けた。
敵地《てきち》で一戦《いっせん》を交《まじ》える。
強敵《きょうてき》を相手《あいて》に勝利《しょうり》する。

反対の意味の言葉

味方　敵《てき》

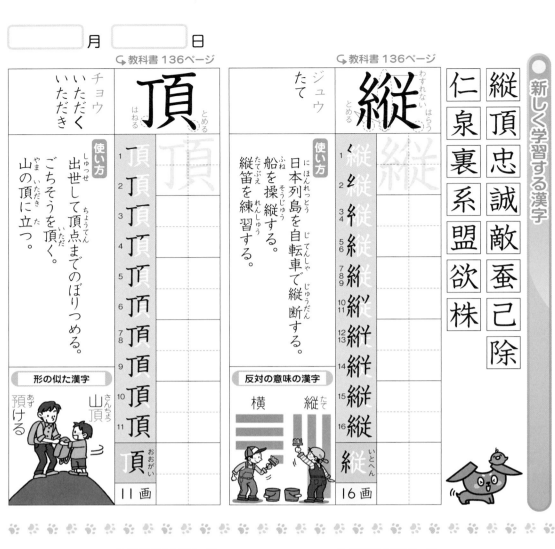

月　日

教科書136ページ

蚕

サン
かいこ

長く　少し短く

使い方
養蚕農家《ようさんのうか》を見学《けんがく》する。
まゆから蚕糸《さんし》をとる。
蚕《かいこ》がまゆを作《つく》る。

虫《むし》　10画

漢字の覚え方

天の虫は蚕《かいこ》。

教科書136ページ

己

コ
◆キ
◆おのれ

出さない　上へはねる

使い方
自己流《じこりゅう》の運動方法《うんどうほうほう》。
利己的《りこてき》な意見《いけん》。
作品《さくひん》に自己満足《じこまんぞく》する。

己《おのれ》　3画

文字の成り立ち
ひらがなの「こ」、カタカナの「コ」は「己」からできた。

己→こ
己→コ

教科書136ページ

除

ジョ
のぞく
◆ジ

上より長く　はねる　はらう　とめる

使い方
欠席者《けっせきしゃ》を除外《じょがい》する。
大雨警報《おおあめけいほう》が解除《かいじょ》される。
虫《むし》に食《く》われた葉《は》を取《と》り除《のぞ》く。

こざとへん　10画

送りがな

除
ぞ
く

教科書136ページ

仁

ジン
◆ニ

下を長く

使い方
仁義《じんぎ》に反《はん》する行動《こうどう》。
祖父《そふ》は仁徳《じんとく》にあふれている。
医《い》は仁術《じゅつ》なり。

にんべん　4画

字の形に注意

仁
上より下を長く書こう。

教科書136ページ

泉

セン
いずみ

つける　はねる

使い方
母《はは》と温泉《おんせん》につかる。
源泉《げんせん》をほり当《あ》てる。
泉《いずみ》の水《みず》をすくう。

水《みず》　9画

漢字の覚え方

白い水が泉《いずみ》のようにわく。

教科書136ページ

裏

うら
◆リ

「十」にしない　長く　はらう

使い方
服《ふく》を裏返《うらがえ》しにぬぐ。
裏表《うらおもて》のない性格《せいかく》。
裏口《うらぐち》から家《いえ》に入《はい》る。

ころも　13画

反対の意味の漢字

裏《うら》
表

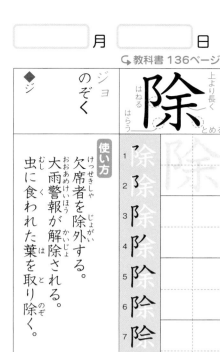

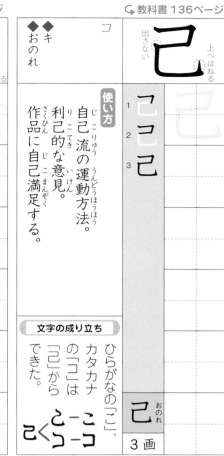

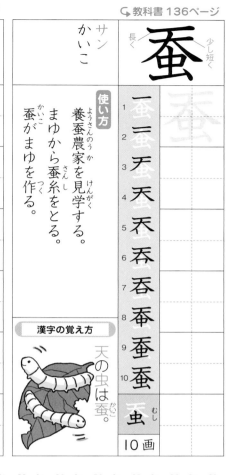

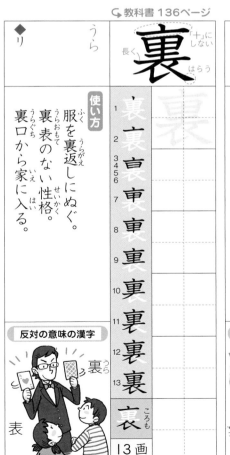

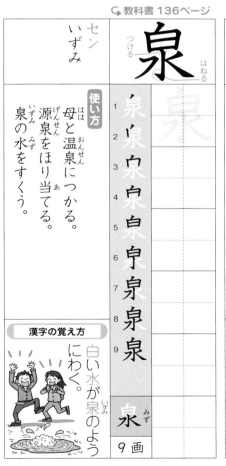

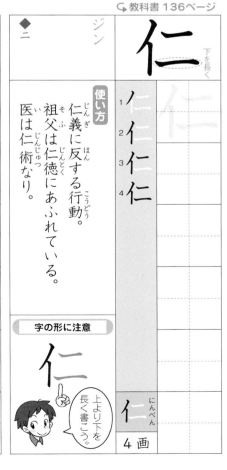

月　日

教科書137ページ

系

ケイ

おれる　とめる

使い方

同《おな》じ系列《けいれつ》の会社《かいしゃ》。
蔵《くら》から家系図《かけいず》が見《み》つかる。
太陽系《たいようけい》の惑星《わくせい》。

系　いと　7画

字の形に注意

系

1画目をわすれないように。

教科書137ページ

盟

メイ

はねる　はらう

使い方

同盟《どうめい》を結《むす》んだ国々《くにぐに》。
国際連合《こくさいれんごう》に加盟《かめい》する。
野球連盟《やきゅうれんめい》で協議《きょうぎ》する。

皿　さら　13画

部首

「盟」の部首は、「さら」だよ。

教科書137ページ

欲

ヨク

◆ほっする
◆ほしい

とめる　つけない　はらう

使い方

意欲的《いよくてき》に勉強《べんきょう》に取《と》り組《く》む。
秋《あき》は食欲《しょくよく》が増《ま》す。
欲張《よくば》って失敗《しっぱい》する。

欠　あくび　かける　11画

部首

「欲」の部首は、「あくび」だよ。

教科書137ページ

株

かぶ

わすれない　とめる　はらう

使い方

切《き》り株《かぶ》にすわって休《やす》む。
市内《しない》の株式会社《かぶしきがいしゃ》の数《かず》を調《しら》べる。
かれは成長株《せいちょうかぶ》の投手《とうしゅ》だ。

木　きへん　10画

字の形に注意

株

わすれないようにしよう！

読み方が新しい漢字

漢字	読み方	使い方	前に出た読み方
顔	ガン	洗顔《せんがん》をする	顔《かお》
玉	ギョク	玉石《ぎょくせき》を拾《ひろ》う	目玉《めだま》
楽	ラク	楽《らく》な仕事《しごと》だ	楽《たの》しむ 音楽《おんがく》
一	イツ	画一的《かくいってき》な表現《ひょうげん》	一《いち》まい 一《いっ》ぴき 一《ひと》つ

熟語の成り立ち

教科書 136～137ページ
答え 8ページ

□月□日

1 ――線の漢字の読みがなを書きましょう。

① 犬が庭を縦横にかけ回る。（　）
② おじさんから、おみやげを頂く。（　）
③ 王の忠臣とたたえられる。（　）
④ 誠実な人がらの青年。（　）
⑤ 味方と敵に分かれて遊ぶ。（　）
⑥ 養蚕がさかんな地方。（　）
⑦ 利己的な考えだと思う。（　）
⑧ ゲームをしたい欲望をおさえる。（　）

2 □に漢字を書きましょう。

① □《いずみ》で水遊びをする。
② □□□《ぎんがけい》について調べる。
③ 外国と□□《どうめい》を結ぶ。
④ 不良品を□□《じょがい》する。
⑤ 母が□□《かぶしき》売買を始めた。
⑥ ボールが□□《がんめん》に当たる。
⑦ 地上の□□《らくえん》を夢見る。

⑧ □□《たてが》きのノートを使う。
⑨ □□《さんちょう》からふもとを見下ろす。
⑩ 友達の□□《ちゅうこく》を素《す》直に聞く。
⑪ □□《うらやま》を散歩する。
⑫ この画集は□□《ぎょくせき》混交《こんこう》だ。
⑬ 花だんから石を取り□《のぞ》く。
⑭ □□《じんあい》の心を大事にする。

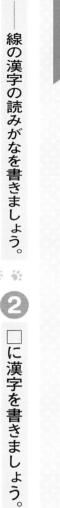

□月□日

ぴったり2 練習

熟語の成り立ち

教科書 136～137ページ
答え 8ページ

1 ―線の漢字の読みがなを書きましょう。

① 医は仁術なり。（　）

② 源泉から清らかな水を引く。（　）

③ 一族の家系図を調べる。（　）

④ 国連に加盟する。（　）

⑤ 画一的ではない個性のある絵。（　）

⑥ おふろで洗顔をする。（　）

⑦ 新しい王が玉座についた。（　）

⑧ 友と苦楽を共にする。（　）

2 □に漢字を書きましょう。

① 列島を南北に□□《じゅうだん》する。

② 山の□《いただき》に雪が積もる。

③ お手本を□□《ちゅうじつ》になぞる。

④ □□《せいい》をこめて謝《あやま》る。

⑤ あの人とは□□《てきたい》したくない。

⑥ □□《ようさん》の技術を学ぶ。

⑦ 不純物を□□《じょきょ》する。

⑧ 森で切り□《かぶ》につまずいた。

⑨ □□《おんせん》にゆっくりとつかる。

⑩ 機械の電気□□《けいとう》が故障した。

⑪ □《かいこ》を飼う。

⑫ □□《じこ》しょうかいをする。

⑬ 今度の試合は□□《らくしょう》だ。

⑭ 国語の学習に□□《いよく》がわく。

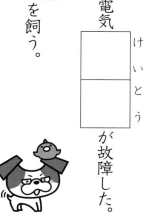

月　日

ぴったり1 準備

みんなで楽しく過ごすために 伝えにくいことを伝える

教科書 140〜147ページ

新しく学習する漢字

善 班 危 割 否 至 宅 糖 紅

教科書141ページ

善 ゼン よい

つき出さない 長く

12画 くち

使い方

善悪《ぜんあく》を判断《はんだん》する。
食生活《しょくせいかつ》の改善《かいぜん》をする。
善《よ》い行《おこな》いをしてほめられる。

反対の意味の漢字

悪

善《ぜん》

教科書141ページ

班 ハン

右上へ とめる はらう

10画 おうへん たまへん

使い方

班長《はんちょう》として話《はなし》をまとめる。
クラスを班《はん》に分《わ》ける。
班《はん》ごとに行動《こうどう》する。

字の形に注意

班

教科書141ページ

危 キ あぶない ◆あやうい ◆あやぶむ

つける 上へはねる 曲がりに注意

6画 ふしづくり わりふ

使い方

危機《きき》を乗《の》り切《き》る。
人《ひと》に危害《きがい》を加《くわ》える動物《どうぶつ》。
危《あぶ》ない場所《ばしょ》をさける。

反対の意味の言葉

危険《きけん》

安全

教科書142ページ

割 わる わり われる ◆カツ ◆さく

縦に打つ 出さない はねる

12画 りっとう

使い方

手《て》をすべらせてコップを割《わ》る。
役割分担《やくわりぶんたん》を考《かんが》える。
割《わ》れ物《もの》を注意《ちゅうい》して運《はこ》ぶ。

慣用句

割《わり》に合《あ》わない

苦労しただけの利益がない。

教科書146ページ

否 ヒ ◆いな

つける つけない とめる

7画 くち

使い方

うわさを否定《ひてい》する。
試験《しけん》の合否《ごうひ》を決《き》める。
安否《あんぴ》を心配《しんぱい》する。

反対の意味の言葉

否定《ひてい》

肯《こう》定

月　日

教科書147ページ

至

シ
いたる

おれる　長く

使い方

この山《やま》を登《のぼ》るのは至難《しなん》のわざだ。
至急連絡《しきゅうれんらく》をとる。
東北《とうほく》を経《へ》て北海道《ほっかいどう》に至《いた》る。

部首

至

「至」は、漢字全体が部首「いたる」だよ。

至《いたる》　6画

教科書147ページ

宅

タク

つける　上へはねる

使い方

住宅地《じゅうたくち》で迷子《まいご》になる。
父《ちち》に帰宅時間《きたくじかん》を聞《き》く。
自宅《じたく》から駅《えき》まで歩《ある》く。

字の形に注意

宅

宅《うかんむり》　6画

教科書147ページ

糖

トウ

縦に打つ　出す　出さない　とめる

使い方

かくし味《あじ》に砂糖《さとう》を入《い》れる。
糖分《とうぶん》の高《たか》い果物《くだもの》。
製糖工場《せいとうこうじょう》を見学《けんがく》する。

字の形に注意

糖

糖《こめへん》　16画

教科書147ページ

紅

コウ
べに
◆ク
◆くれない

上より長く　とめる

使い方

紅白《こうはく》のチームに分《わ》かれる。
紅葉《こうよう》の季節《きせつ》になる。
真《ま》っ赤《か》な口紅《くちべに》をぬる。

言葉の意味

紅一点《こういってん》
大勢の男の人の中で、一人だけ女の人がいること。

紅《いとへん》　9画

読み方が新しい漢字

漢字	読み方	使い方	前に出た読み方
口	ク	口調《くちょう》をまねる	口《くち》　人口《じんこう》

「至」の字には、ゆきついてその先がない、この上ない、という意味があります。

月　日

練習 ぴったり2

みんなで楽しく過ごすために伝えにくいことを伝える

教科書 140〜147ページ　答え 8ページ

1 ——線の漢字の読みがなを書きましょう。

① あの人は根っからの善人（　）だ。

② 四人ごとの班（　）で行動する。

③ 危険（　）な場所に立ち入らない。

④ 私の意見は否定（　）された。

⑤ 公会堂に至（　）る道。

⑥ 父の帰宅（　）を待つ。

⑦ 糖分（　）のとりすぎに注意する。

⑧ 友達の口調（　）をまねる。

2 □に漢字を書きましょう。

① この議題は□□《ひけつ》された。

② □□《しきゅう》もどってください。

③ □□□《たくはいびん》が届く。

④ □《よ》い行いを心がける。

⑤ 身辺に□□《きき》がせまる。

⑥ 山々の□□《こうよう》が美しい。

⑦ 大切にしていた皿が□《わ》れる。

⑧ 姉が□□《くちべに》をつける。

⑨ □《あぶ》ない遊びはしません。

⑩ 図書委員の□□《やくわり》を果たす。

⑪ 塩と□□《さとう》をまちがえる。

⑫ □□□□《いくどうおん》

⑬ □□《ぜんあく》の区別をつける。

⑭ □□《はんちょう》に選ばれる。

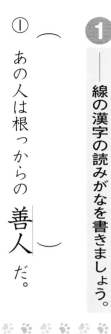

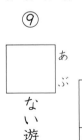

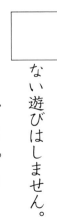

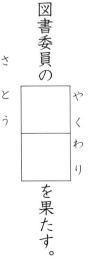

月　日

ぴったり1 準備

話し言葉と書き言葉
古典芸能の世界
狂言「柿山伏《かきやまぶし》」を楽しもう

教科書 148〜154ページ

新しく学習する漢字

卵 乳 創 奏 誕 困 看

教科書148ページ

卵

はねる　はらう

たまご
◆ラン

使い方
にわとりが卵《たまご》を産《う》む。
得意料理《とくいりょうり》は卵焼《たまごや》きです。
かれは医者《いしゃ》の卵《たまご》だ。

筆順

バランスよく書くのが難しいので、練習しよう。

卩 ふしづくり わりふ
7画

教科書148ページ

乳

上へはねる　はねる

ニュウ
ちち
◆ち

使い方
乳歯《にゅうし》が生《は》える。
乳製品《にゅうせいひん》を買《か》いに行《い》く。
赤《あか》んぼうが乳《ちち》を飲《の》む。

使い方

乳牛《にゅうぎゅう》
牛乳
MILK

乚 おつ
8画

教科書148ページ

創

横に打つ　はらう　はねる

ソウ
つくる

使い方
創立記念日《そうりつきねんび》を祝《いわ》う。
創作意欲《そうさくいよく》がわく。
新《あたら》しい作品《さくひん》を創《つく》り出《だ》す。

言葉の使い分け
創造《そうぞう》ー新しくつくり出すこと。
想像ー心の中に思いうかべること。

刂 りっとう
12画

教科書150ページ

奏

つけるところに注意　とめる

ソウ
◆かなでる

使い方
フルートの演奏《えんそう》を聞《き》く。
合奏《がっそう》の練習《れんしゅう》をする。
目当《めあ》ての奏者《そうしゃ》が出《で》る公演《こうえん》。

字の形に注意

奏

「夫」と書かないように気をつけよう。

大 だい
9画

教科書151ページ

誕

はらう　はらう

タン

使い方
生誕百年《せいたんひゃくねん》を祝《いわ》う。
誕生日会《たんじょうびかい》を開《ひら》く。
初孫《はつまご》の誕生《たんじょう》を喜《よろこ》ぶ。

形の似た漢字

誕生《たんじょう》
時間を延ばす。

言 ごんべん
15画

月　日

教科書153ページ

困

コン
こまる

はらう　とめる

使い方

困難《こんなん》に立《た》ち向《む》かう。
貧困《ひんこん》にたえる。
弟《おとうと》のわがままに困《こま》る。

まちがえやすい漢字

○困《こま》る
×因る

囗（くにがまえ）　7画

教科書154ページ

看

カン

つける　長く　つける

使い方

看護師《かんごし》を目《め》ざす。
店《みせ》の看板《かんばん》を作《つく》る。
祖父《そふ》を看病《かんびょう》する。

字の形に注意

看

目（め）　9画

「看」の字には、注意して見る、という意味があります。

漢字クイズ 6

答え17ページ

☆次の熟語と反対の意味の熟語ができるように、□に漢字を書きましょう。

例　空腹 ↕ 満腹

① 表側 ↕ □側

② 悪意 ↕ □意

③ 拡大 ↕ □小

④ 安全 ↕ □険

⑤ 乗車 ↕ □車

⑥ 複雑 ↕ 単□

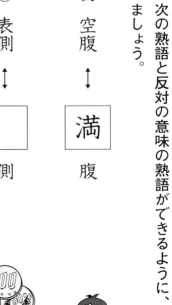

月　日

ぴったり2 練習

話し言葉と書き言葉／古典芸能の世界 狂言「柿山伏《かきやまぶし》」を楽しもう

教科書 148～154ページ
答え 9ページ

1 ——線の漢字の読みがなを書きましょう。

① 卵からひよこがかえる。（　　）
② コンビニで乳製品を買う。（　　）
③ 新しい作品を創り出す。（　　）
④ 演奏会を聞きに行く。（　　）
⑤ イエス・キリストの降誕。（　　）
⑥ 失業して貧《ひん》困に苦しむ。（　　）
⑦ 看過できない重大なミスだ。（　　）
⑧ 会社の創業五十年記念式典。（　　）

2 □に漢字を書きましょう。

① 今日は私の□□□《たんじょうび》です。
② 道に迷ってしまい、□《こま》った。
③ 私の父は□□□《かんごし》だ。
④ 朝食に□□《たまごや》きを作る。
⑤ 赤ちゃんが母親のお□《ちち》を吸う。
⑥ 放課後に□□《がっそう》の練習をする。
⑦ 詩の□□《そうさく》意欲がわく。
⑧ □□《なまたまご》をご飯にかける。
⑨ 冷たい□□《ぎゅうにゅう》を飲む。
⑩ 新しい文化を□《つく》る。
⑪ ピアノの□□□《どくそうきょく》。
⑫ □□《こんなん》を乗りこえる。
⑬ 発熱した母の□□《かんびょう》をする。
⑭ 前国王の□□《せいたん》百年を祝う。

月　日

ぴったり1 準備

『鳥獣戯画《ちょうじゅうぎが》』を読む 発見、日本文化のみりょく

教科書 155〜169ページ

新しく学習する漢字

筋 盛 骨 巻 宝 郷 敬

教科書 156ページ

筋

キン
すじ

はらう　はねる

使い方
腹筋《ふっきん》をきたえる。
鉄筋《てっきん》の家《いえ》を建《た》てる。
劇《げき》の筋《すじ》書《が》きを考《かんが》える。

字の形に注意

筋

竹 たけかんむり

12画

教科書 156ページ

盛

◆セイ
◆ジョウ
◆さかる
◆さかん
もる

わすれない　はねる　はねる

使い方
皿《さら》にデザートを盛《も》る。
山盛《やまも》りのご飯《はん》を食《た》べる。
畑《はたけ》に盛《も》り土《つち》をする。

部首

「盛」の部首は、「さら」だよ。

皿 さら

11画

教科書 157ページ

骨

コツ
ほね

つける　とめる　はねる

使い方
骨格《こっかく》がしっかりしている。
転《ころ》んでうでを骨折《こっせつ》する。
骨休《ほねやす》めに温泉《おんせん》に行《い》く。

慣用句

骨《ほね》が折《お》れる
苦労する。

骨 ほね

10画

教科書 157ページ

巻

カン
まく
まき

注意つけるところに　出さない　はねる

使い方
物語《ものがたり》を全巻《ぜんかん》そろえる。
足首《あしくび》に包帯《ほうたい》を巻《ま》く。
平安時代《へいあんじだい》の絵巻物《えまきもの》を見《み》る。

字の形に注意

㔾 ふしづくり（わりふ）

9画

教科書 157ページ

宝

ホウ
たから

縦に打つ　わすれない　長く

使い方
宝石《ほうせき》を身《み》につける。
国宝《こくほう》を大切《たいせつ》にあつかう。
子宝《こだから》にめぐまれる。

慣用句

宝《たから》の持《も》ちぐされ
役立つものを持っているのに使わないこと。

宀 うかんむり

8画

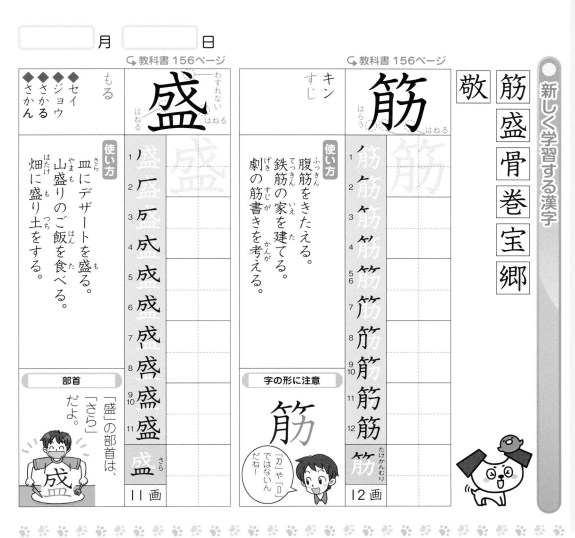

月　日

教科書167ページ

郷

キョウ
◆ゴウ

「艮」にしない

使い方

正月《しょうがつ》に故郷《こきょう》に帰《かえ》る。
郷土《きょうど》料理《りょうり》の店《みせ》に行《い》く。
郷里《きょうり》をなつかしむ。

字の形に注意

郷

「艮」ではないよ。
また「阝」を「卩」と書き
まちがえないこと。

阝《おおざと》

11画

教科書168ページ

敬

ケイ
うやまう

つける　はねる

使い方

年上《としうえ》の人《ひと》に敬意《けいい》を表《あらわ》す。
尊敬語《そんけいご》を使《つか》って話《はな》す。
お年寄《としよ》りを敬《うやま》う。

送りがな

敬う

攵《ぼくづくり/のぶん》

12画

故郷、古里、故里。
「ふるさと」には、三つの漢字表記があります。

漢字クイズ 7

☆ 次の文で正しい送りがなはどちらでしょう。正しいほうに○をつけましょう。

答え17ページ

① 手紙を　ア 届る。　イ 届ける。

② 祖父を　ア 尊とぶ。　イ 尊ぶ。

③ 手首を　ア 痛める。　イ 痛る。

④ 布を　ア 染める。　イ 染る。

⑤ 家来を　ア 従る。　イ 従える。

⑥ 役目を　ア 退く。　イ 退ぞく。

⑦ 返答に　ア 困まる。　イ 困る。

⑧ ごみを　ア 捨る。　イ 捨てる。

⑨ 現在に　ア 至る。　イ 至たる。

⑩ 税金を　ア 納る。　イ 納める。

ぴったり2 練習

『鳥獣戯画《ちょうじゅうぎが》』を読む　発見、日本文化のみりょく

教科書 155～169ページ
答え 9ページ

月　　日

1 ――線の漢字の読みがなを書きましょう。

① いく**筋**かの飛行機雲が見える。（　　　）

② パーティー会場が**盛**り上がる。（　　　）

③ しっかりした**骨格**をしている。（　　　）

④ すばらしい演技に舌を**巻**く。（　　　）

⑤ 高価な焼き物を**家宝**にする。（　　　）

⑥ **郷土**博物館の展示品を見る。（　　　）

⑦ 先生に**敬語**を使う。（　　　）

⑧ **筋肉**がたくましい。（　　　）

2 □に漢字を書きましょう。

① 長編小説の□□《げかん》を読む。

② 拾った貝を□□《たからもの》にする。

③ いつか□□《こきょう》に帰りたい。

④ 物語の□《すじ》を追う。

⑤ □□《おおも》りのご飯を食べる。

⑥ 転んで足の□《ほね》を折った。

⑦ 年長者を□《うやま》う。

⑧ □□《ふっきん》をきたえる。

⑨ かごに果実を□《も》る。

⑩ □□《いこつ》をお墓に納める。

⑪ □□□《えまきもの》が展示される。

⑫ 勝った選手に□□《けいい》をはらう。

⑬ □□《いきょう》でたくましく生きている。

⑭ □□《こくほう》の美術品を見る。

月　　日

準備 ぴったり1

カンジー博士の漢字学習の秘伝

教科書 170～171ページ

新しく学習する漢字

秘　聖　絹　拝　鋼　亡　干

衆　郵　賃　孝　預　穀　俵

教科書 170ページ

秘

ヒ

◆ひめる

左下へはらう　はねる　とめる

使い方

二人《ふたり》の秘密《ひみつ》を守《まも》る。

秘書《ひしょ》として働《はたら》く。

秘境《ひきょう》を探検《たんけん》する。

のぎへん

10画

筆順

秘（6 7 8 9 10）

6～10画目に気をつけよう。

教科書 171ページ

聖

セイ

出さない　右上へ

使い方

聖火《せいか》ランナーを選《えら》ぶ。

神聖《しんせい》な場所《ばしょ》を歩《ある》く。

聖歌隊《せいかたい》が合唱《がっしょう》する。

みみ

13画

部首

聖

「聖」の部首は、「みみ」だよ。

「口」や「王」ではないよ。

教科書 171ページ

絹

きぬ

◆ケン

とめる　はねる

使い方

絹糸《きぬいと》をつむぐ。

美《うつく》しい絹織物《きぬおりもの》。

絹《きぬ》のスカーフを買《か》う。

いとへん

13画

漢字の意味

絹《きぬ》は蚕からとった糸のこと。

教科書 171ページ

拝

ハイ

おがむ

長く　はねる　横画は四本

使い方

神社《じんじゃ》に参拝《さんぱい》する。

辞書《じしょ》を拝借《はいしゃく》する。

富士山《ふじさん》で初日《はつひ》の出《で》を拝《おが》む。

てへん

8画

字の形に注意

拝

横画は四本だよ！

教科書 171ページ

鋼

コウ

◆はがね

とめる　はねる　右上へ

使い方

鉄鋼業《てっこうぎょう》がさかんになる。

鋼鉄《こうてつ》の板《いた》をのばす。

車体《しゃたい》に鋼材《こうざい》を使《つか》う。

かねへん

16画

言葉の意味

鋼玉《こうぎょく》―宝石の一つで赤いものはルビー、青いものはサファイアという。

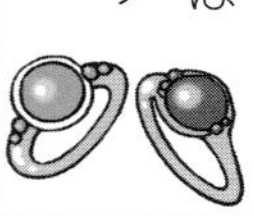

月　　日

亡

教科書171ページ

ボウ
◆モウ
◆ない

縦に打つ　とめる

使い方

外国《がいこく》へ亡命《ぼうめい》する。
犯人《はんにん》が逃亡《とうぼう》する。
病気《びょうき》が悪化《あっか》して死亡《しぼう》する。

形の似た漢字

七　亡

「七」は2画、「亡」は3画だね。3画目の位置に気をつけよう。

亠 なべぶた（けいさんかんむり）
3画

干

教科書171ページ

カン
ほす
◆ひる

出さない　長く

使い方

干潮《かんちょう》になれば貝《かい》がとれる。
外国《がいこく》が内政《ないせい》に干《かん》しょうする。
物干《ものほ》しざおを買《か》う。

形の似た漢字

千円札　干《ほ》す

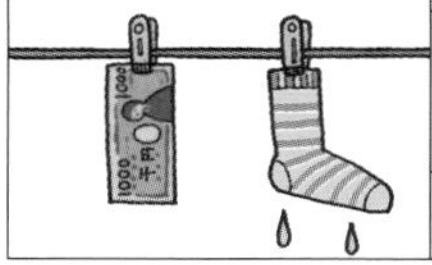

干 いちじゅう
3画

衆

教科書171ページ

シュウ
◆シュ

つけるところに注意　長くはらう　とめる

使い方

二万人《にまんにん》の観衆《かんしゅう》が集《あつ》まる。
大衆食堂《たいしゅうしょくどう》に食《た》べに行《い》く。
公衆電話《こうしゅうでんわ》を探《さが》す。

字の形に注意

衆

「豸」にしないように気をつけよう。

血 ち
12画

郵

教科書171ページ

ユウ

三画で書く　右上へ

使い方

速達《そくたつ》で郵送《ゆうそう》する。
郵便配達《ゆうびんはいたつ》の仕事《しごと》をする。
郵便局《ゆうびんきょく》に荷物《にもつ》を持《も》って行《い》く。

字の形に注意

郵

「垂」などと書きまちがえないように。

阝 おおざと
11画

賃

教科書171ページ

チン

左へはらう　上より短く

使い方

電車《でんしゃ》の運賃《うんちん》が上《あ》がる。
大家《おおや》に家賃《やちん》をはらう。
手伝《てつだ》いをして駄賃《だちん》をもらう。

形の似た漢字

運賃《うんちん》
硬貨《こうか》

貝 こがい
13画

孝

教科書171ページ

コウ

はねる

使い方

親孝行《おやこうこう》をする。
両親《りょうしん》に孝《こう》をつくす。
親不孝《おやふこう》なことはしない。

形の似た漢字

孝行《こうこう》
考古学

考古学

子 こ
7画

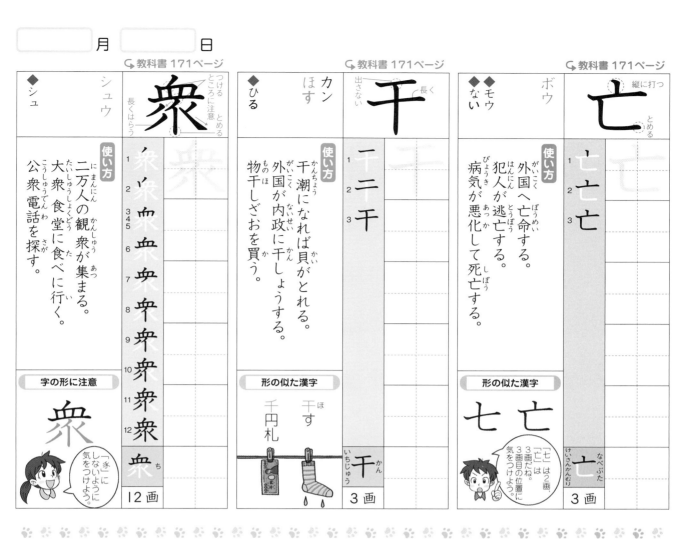

月　　日

教科書171ページ

預

ヨ
あずける
あずかる

（はねる）（とめる）

1 2 3 4 5 6 7 8 9 10 11 12 13

使い方

預金通帳《よきんつうちょう》を作《つく》る。
先生《せんせい》にノートを預《あず》ける。
母《はは》の荷物《にもつ》を預《あず》かる。

形の似た漢字

かぎを預《あず》ける。
予約している客。

おおがい　13画

教科書171ページ

穀

コク

（短く 上より）（上へはねる）（左下へ）

1 2 3 4 5 6 7 8 9 10 11 12 13 14

使い方

穀物《こくもつ》を収《しゅう》かくする。
穀倉地帯《こくそうちたい》が広《ひろ》がる。
米《こめ》に雑穀《ざっこく》を混《ま》ぜてたく。

部首

穀

「穀」の部首は、「のぎへん」だよ。

のぎへん　14画

教科書171ページ

俵

ヒョウ
たわら

（はらう）（はねる）

1 2 3 4 5 6 7 8 9 10

使い方

力士《りきし》が土俵《どひょう》に上《あ》がる。
一俵《いっぴょう》の重《おも》さを量《はか》る。
米俵《こめだわら》を積《つ》み重《かさ》ねる。

形の似た漢字

土俵《どひょう》
表彰《しょう》状

にんべん　10画

読み方が新しい漢字

漢字	読み方	使い方	前に出た読み方
十	と	十人十色《じゅうにんといろ》	十《じっ（じゅっ）》ぴき　十《じゅう》まい　十《とお》
里	り	郷里《きょうり》に帰《かえ》る	里《さと》いも

漢字クイズ 8

☆正しい筆順に○をつけましょう。

① 秘

ア

イ

② 権

ア

イ

答え17ページ

カンジー博士の漢字学習の秘伝

教科書 170～171ページ
答え 9ページ

月　　日

1 ―線の漢字の読みがなを書きましょう。

① 聖火ランナーとして走る。（　　）
② 絹織物の工場を見学する。（　　）
③ 頂いた手紙を拝読する。（　　）
④ 成績アップの秘策を練る。（　　）
⑤ 鋼鉄のようにかたい。（　　）
⑥ チームの存亡をかけた試合。（　　）
⑦ 干害で農作物がかれた。（　　）
⑧ アメリカ合衆国（　　）

2 □に漢字を書きましょう。

① アパートの□□《やちん》をはらう。
② □□□《おやふこう》な人にはならない。
③ 銀行に□□《よきん》する。
④ 目の前に□□《こくそう》地帯が広がる。
⑤ □《たわら》に炭をつめる。
⑥ □□《せんり》の道も一歩から
⑦ 教会の合唱団の□□《せいか》を聞く。

⑧ 仏像を□《おが》む。
⑨ 社長の□□《ひしょ》を務める。
⑩ □□《たいしゅう》の前で歌う。
⑪ 事故による□□《しぼう》者はいない。
⑫ 洗ったシャツを□《ほ》す。
⑬ 近くの□□□《ゆうびんきょく》に行く。
⑭ 飼料用□□《こくもつ》が足りない。

月　　日

ぴったり2 練習

カンジー博士の漢字学習の秘伝

1 ——線の漢字の読みがなを書きましょう。

① 本を郵送してもらう。（　　）
② 今月の賃金を計算する。（　　）
③ 弁当に梅干しを入れる。（　　）
④ 兄にお金を預ける。（　　）
⑤ 雑穀は栄養価が高い。（　　）
⑥ 米俵をかつぐ。（　　）
⑦ 人の好みは十人十色だ。（　　）
⑧ 秘蔵の品を見せてもらう。（　　）

2 □に漢字を書きましょう。

① □□《いちり》は約四キロメートルだ。
② 蚕から□□《きぬいと》を取る。
③ 神社に□□《さんぱい》する。
④ 君の□□《ひみつ》は守る。
⑤ 建築用の□□《こうざい》を運ぶ。
⑥ となりの国に□□《ぼうめい》する。
⑦ □□□《しゅうぎいん》選挙が行われた。

⑧ □□《しんせい》な場所を訪《おとず》れる。
⑨ 父に□□《こうこう》する。
⑩ 友達の荷物を□《あず》かる。
⑪ 米や麦などの□□《こくるい》。
⑫ すもうの□□《どひょう》に上がる。
⑬ 母の□□《きょうり》を訪ねる。
⑭ タクシーの□□《うんちん》をはらう。

教科書 170〜171ページ
答え 9ページ

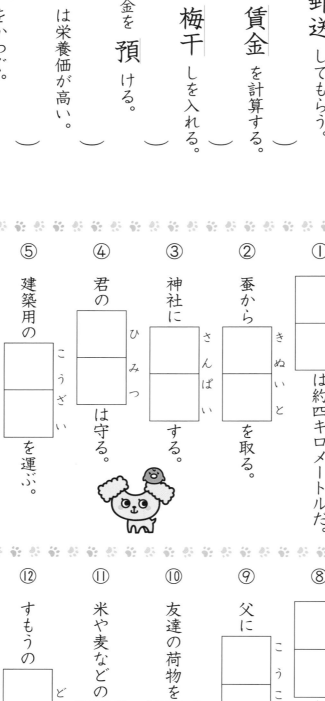

ぴったり2 練習

漢字の広場④ 5年生で習った漢字

月　日

1 ―線の漢字の読みがなを書きましょう。

①（　）税金の使い道を解説する。
②（　）貿易問題について報道する。
③（　）政治家が自説を主張する。
④（　）クイズに正解して賞品をもらう。
⑤（　）友達の提案に賛成する。
⑥（　）作品制作の指導をする。
⑦（　）貴重な鉱物が産出された。
⑧（　）会議の資料を準備する。

2 □に漢字を書きましょう。

① 野原にテントを□□《せつえい》する。
② □□《しっそ》な生活を送る。
③ ステージの長さを□《はか》る。
④ 自分の考えをはっきりと□《の》べる。
⑤ 国語と算数の□□《せいせき》が上がる。
⑥ 会社の□□《りえき》が上がる。
⑦ 石油を□□《ゆにゅう》する。

⑧ こちらが私の□《つま》です。
⑨ 俳優のはく真《しん》の□□《えんぎ》。
⑩ コーチの□□《しじ》に従う。
⑪ □□《ぎゃくてん》のホームランを打つ。
⑫ 私の先祖は□□《ぶし》です。
⑬ □□《ふくすう》の人に意見を求める。
⑭ □□□□《こくさいじょうせい》を考える。

教科書 172ページ
答え 10ページ

月　日

ぴったり1 準備

ぼくのブック・ウーマン おすすめパンフレットを作ろう

教科書 173～193ページ

新しく学習する漢字

訳　忘　暖　詞

教科書174ページ

訳

ヤク
わけ

つけない　はらう

使い方
中国語《ちゅうごくご》の通訳《つうやく》。
英訳《えいやく》の宿題《しゅくだい》が出《で》る。
しかられて言《い》い訳《わけ》をする。

ごんべん　11画

いろいろな読み方

訳《わけ》を話す。
通訳《つうやく》をする。

教科書178ページ

忘

わすれる
◆ボウ

縦に打つ　とめる

使い方
忘《わす》れ物《もの》をしないように気《き》をつける。
物忘《ものわす》れがひどくなる。
絵《え》の具《ぐ》を家《いえ》に忘《わす》れる。

こころ　7画

送りがな

教科書179ページ

暖

ダン
あたたか
あたたかい
あたたまる
あたためる

左へはらう　少し長く　つける

使い方
今年《ことし》は暖冬《だんとう》になりそうだ。
温暖《おんだん》な気候《きこう》で過《す》ごしやすい。
暖《あたた》かい服装《ふくそう》で出《で》かける。

ひへん　13画

言葉の使い分け
暖《あたた》かい―温度や気候に使う。
温かい―気持ちや物などに使う。

教科書192ページ

詞

シ

はねる

使い方
好《す》きな曲《きょく》の歌詞《かし》を口《くち》ずさむ。
作詞《さくし》と作曲《さっきょく》をする。
単語《たんご》の品詞《ひんし》を覚《おぼ》える。

ごんべん　12画

形の似た漢字

歌詞《かし》
飼い主

「暖」の反対は「寒」、「温」の反対は「冷」と覚えておくと、使い分けがわかりやすいね。

月　　日

ぴったり2 練習

ぼくのブック・ウーマン／おすすめパンフレットを作ろう

教科書 173〜193ページ
答え 10ページ

1 ――線の漢字の読みがなを書きましょう。

① 時計をこわした言い訳をする。（　　）
② うれしくて我を忘れる。（　　）
③ 温暖な気候の土地。（　　）
④ この本は英訳もされている。（　　）
⑤ 合唱曲の歌詞を考える。（　　）
⑥ この部屋の中は暖かい。（　　）
⑦ 物忘れが増えたと祖母がなげく。（　　）
⑧ 新曲の歌詞を覚える。（　　）

2 □に漢字を書きましょう。

① ストーブに当たって□《あたた》まる。
② ドイツ語の歌の□《し》を覚える。
③ □□《としわす》れのイベントの企《き》画。
④ 外国文学の著者と□□《やくしゃ》。
⑤ □《わす》れ物を取りに行く。
⑥ 今年は□□《だんとう》になりそうだ。
⑦ □《わけ》がわからないことを言う。

⑧ 中国語の□□《つうやく》をする。
⑨ 日本海を北に向かう□□《だんりゅう》。
⑩ 私の顔を□□《みわす》れましたか。
⑪ 誠に申し□《わけ》ございません。
⑫ □《あたた》かなコートを着る。
⑬ この歌の□□《さくし》をした。
⑭ あれは□《わす》れられない事件だ。

冬のチャレンジテスト①

時間30分　／100　合格80点

教科書 100〜193ページ

答え 10ページ

月　日

1 ――線の漢字の読みがなを書きましょう。　一つ2点（30点）

① 先生はやさしい口調（　）でていねいに批評（　）してくれた。

② この地域は養蚕（　）がさかんで、絹織物（　）が特産物だ。

③ 三番系統（　）のバスに乗って、温泉（　）地に向かった。

④ 指揮棒（　）をふって、みごとに合奏（　）をまとめ上げた。

⑤ 博物館で、宝石（　）の付いた美しい時計を見た。

⑥ その住宅（　）は、大きな樹木（　）のかげに建っていた。

⑦ 祖父の遺産（　）には、とても貴重（　）な美術品もあった。

⑧ 看護師（　）が、かん者の傷口を消毒して包帯を巻（　）く。

2 ――線の平がなを、漢字と送りがなに分けて書きましょう。　一つ3点（21点）

例 演説をおこなう。（行－う）

① 約束をわすれる。（　－　）

② 両親をうやまう。（　－　）

③ 足首をいためる。（　－　）

④ 差がちぢまる。（　－　）

⑤ 室内はあたたかい。（　－　）

⑥ 提案をしりぞける。（　－　）

⑦ お金をあずける。（　－　）

月　日

3 □に漢字を書きましょう。

一つ2点（28点）

① □□□《ひていてき》な意見。

② 皿に料理を□《も》る。

③ 対象から□□《じょがい》する。

④ □□《さとう》を入れる。

⑤ □□《しきゅう》の用件。

⑥ □□□《かいけつさく》

⑦ 協会に□□《かめい》する。

⑧ □□《しぼう》事故を悲しむ。

⑨ □□《きらく》に暮らす。

⑩ □□《やちん》をはらう。

⑪ 今年で□□《せいたん》百年だ。

⑫ □□□《かくいつてき》

⑬ □□《すんぽう》を測る。

⑭ 日の出を□《おが》む。

4 □に漢字を入れて、矢印の上と下の言葉が反対の意味になるようにしましょう。

一つ3点（21点）

① 老人 ↕ □者

② 寒冷 ↕ 温□《だん》

③ 開ける ↕ □《し》める

④ 公開 ↕ □《ひ》密

⑤ 横 ↕ □《たて》

⑥ 悪人 ↕ □《ぜん》人

⑦ 容易 ↕ □《こん》難

冬のチャレンジテスト②

時間 30分　／100　合格 80点

教科書 100〜193ページ
答え 11ページ

月　日

1 ——線の漢字の読みがなを書きましょう。　一つ2点（30点）

① 山頂（　）で弟と大きな切り株（　）にすわる。

② 仁愛（　）の心をもって、尊敬（　）の念をもつ。

③ 「利己的（　）だ」と家族から忠告（　）を受けた。

④ 厳（　）しい寒さでかぜをひいたようで、頭痛（　）がする。

⑤ 祖父は、すでに会社を退職（　）している。

⑥ 翌日（　）の野球の試合の対戦相手は強敵（　）だった。

⑦ 母は毎年、梅干（　）しを作って郷里（　）に送っている。

⑧ 著名な遺伝子（　）研究の論文を英語に訳（　）した。

2 次の漢字の部首名を、平がなで書きましょう。　一つ3点（24点）

例 花（くさかんむり）

① 宝（　）

② 推（　）

③ 熟（　）

④ 困（　）

⑤ 俵（　）

⑥ 郵（　）

⑦ 割（　）

⑧ 忠（　）

月　日

3 □に漢字を書きましょう。

一つ2点（28点）

① ステージであがってしまい、□□《かし》を□《わす》れた。

② □□《わかて》の□□《はいゆう》の特集記事を読む。

③ □□《ぜんりょう》な人々がクリスマスの□□《せいか》をうたう。

④ □□□《えまきもの》は日本文化の□《みなもと》のひとつだ。

⑤ □□□《おんせんち》を宣伝する□□《かんばん》を立てた。

⑥ 父は□□《こうざい》をあつかう会社を□□《そうぎょう》した。

⑦ □□《しゃくはち》のすばらしい□□《えんそう》を聞いた。

4 次の□に漢字を入れて、四字熟語を完成させましょう。（②は同じ漢字が入ります。）

一つ3点（18点）〔②は二つで3点〕

① 異□《く》同音（多くの人が、同じように言うこと。）

② □《せい》心□《せい》意（正直で、真面目に相手に接する心。）

③ □《げん》正中立（公正でかたよらない立場を守ること。）

④ □《じゅう》横無尽《じん》（自分の思うままに行う様子。）

⑤ □《ぎょく》石混交（すぐれたものとつまらないものが混ざりあっていること。）

⑥ 針《しん》小□《ぼう》大（小さなことを大げさに言うこと。）

月　　日

ぴったり1 準備

新しく学習する漢字

詩を朗読してしょうかいしよう
知ってほしい、この名言
日本の文字文化

教科書 196〜202ページ

朗　胸　片

教科書196ページ

朗

ロウ

◆ほがらか

縦に打つ　はねる　はらう

使い方

物語《ものがたり》を朗読《ろうどく》する。

明朗《めいろう》な人《ひと》からの若者《わかもの》。

合格《ごうかく》の朗報《ろうほう》が届《とど》く。

字の形に注意

朗

「良」としないように！

月《つき》

10画

教科書198ページ

胸

キョウ

むね

◆むな

とめる　おれる　はねる

使い方

つらい胸中《きょうちゅう》を打《う》ち明《あ》ける。

姉《あね》は度胸《どきょう》がある。

今《いま》聞《き》いたことは胸《むね》におさめる。

慣用句

胸《むね》を打《う》つ　心にひびく。

月《にくづき》

10画

教科書200ページ

片

かた

◆ヘン

つける　おれる

使い方

片手《かたて》で荷物《にもつ》を持《も》つ。

片道分《かたみちぶん》だけきっぷを買《か》う。

親《おや》から片時《かたとき》もはなれない子供《こども》。

筆順

片

1画目に注意！

片《かた》

4画

「朗」の字には、はっきりとした、ほがらか、明るい、などの意味のほか、高らか、声を高くする、という意味もあります。

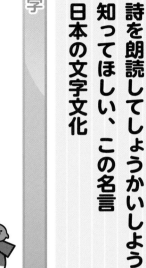

　　月　　日

練習 ぴったり2

詩を朗読してしょうかいしよう／知ってほしい、この名言 日本の文字文化

教科書 196〜202ページ
答え 11ページ

1 ―線の漢字の読みがなを書きましょう。

① 明朗快活な青年だ。（　　）
② あの人の言葉に胸を打たれた。（　　）
③ 部屋の片付けをする。（　　）
④ 詩の朗読会を開く。（　　）
⑤ 祝賀会の来ひんに胸章を渡《わた》す。（　　）
⑥ 秋の清朗な天気。（　　）
⑦ 片仮名《かな》で表記する。（　　）

2 □に漢字を書きましょう。

① 物語を□□《ろうどく》する。
② 希望で□《むね》がふくらむ。
③ 駅から□□《かたみち》十二分です。
④ □□《ろうほう》に喜ぶ。
⑤ □□《きょうい》を測ってシャツを買う。
⑥ これは□□《かたて》で持つには重い。
⑦ 試合に出て□□《どきょう》をつける。

⑧ □□《きょうぞう》でデッサンの練習をする。
⑨ 工事で□□《かたがわ》通行になる。
⑩ 姉が□□《きょうちゅう》を打ち明けた。
⑪ □□《かたほう》の手ぶくろをなくした。
⑫ □□□《ふめいろう》な会計を正す。
⑬ 兄は□□《きょうきん》をきたえている。

月　日

ぴったり2 練習

漢字の広場⑤　5年生で習った漢字

教科書 204ページ
答え 11ページ

1 ―線の漢字の読みがなを書きましょう。

① 職務をきちんと果たす。（　　）

② 夕刊で消費税の記事を読む。（　　）

③ 小麦粉の価格を調べる。（　　）

④ おじは眼科の医師です。（　　）

⑤ 精米した米を貯蔵する。（　　）

⑥ 寒いので厚着をする。（　　）

⑦ 血液型に興味がある。（　　）

⑧ 花びんの下に綿織物をしく。（　　）

2 □に漢字を書きましょう。

① 芸術の本を□□《ほうふ》にそろえる。

② 半額セールが□□《ひょうばん》の店。

③ 本の□□□《りょうしゅうしょ》をもらう。

④ 話し合いの最後に決を□《と》った。

⑤ 百円□□《きんいつ》の店。

⑥ この薬は、よく□《き》く。

⑦ 係員が□□《おうたい》してくれる。

⑧ □□《せいけつ》な洋服を着る。

⑨ □□《べんとう》を□《ぬの》で包む。

⑩ 個性的な□□《はんが》作品。

⑪ 祖母は□《あ》み物が得意だ。

⑫ □□《えいせい》のため消毒をする。

⑬ 店員が□□《せっきゃく》をする。

⑭ □□□□《はんざいぼうし》に努める。

ぴったり1 準備

「考える」とは使える言葉にするために

教科書 205〜216ページ

新しく学習する漢字

劇　将　皇　后　陛　憲　党　閣　革　宗　垂　層　磁

教科書206ページ

劇

ゲキ

つけ方に注意　はねる

使い方

劇場《げきじょう》に足《あし》を運《はこ》ぶ。

演劇部《えんげきぶ》に入《はい》る。

とつ然《ぜん》の悲劇《ひげき》に見《み》まわれる。

反対の意味の言葉

悲劇《ひげき》

喜劇《きげき》

部首：刂（りっとう）

15画

教科書206ページ

将

ショウ

左下へはらう方向に注意　とめる

使い方

戦国時代《せんごくじだい》の武将《ぶしょう》に興味《きょうみ》をもつ。

将来《しょうらい》の夢《ゆめ》を考《かんが》える。

サッカー部《ぶ》の主将《しゅしょう》になる。

部首

将

「寸」だね。

部首：寸（すん）

10画

教科書216ページ

皇

コウ　オウ

つけ方に注意　長く

使い方

皇族《こうぞく》が多《おお》く通《かよ》う学校《がっこう》。

皇室《こうしつ》の方々《かたがた》の写真《しゃしん》。

法皇《ほうおう》が民衆《みんしゅう》の前《まえ》に立《た》つ。

部首

「王」ではないんだね。

「皇」の部首は、「しろ」だよ。

皇

部首：白（しろ）

9画

教科書216ページ

后

コウ

位置に注意　あける

使い方

皇后陛下《こうごうへいか》が歌《うた》をよまれる。

皇太后陛下《こうたいごうへいか》にお会《あ》いする。

歴代《れきだい》の皇后陛下《こうごうへいか》の肖像画《しょうぞうが》を見《み》る。

字の形に注意

后

3画目の位置に気をつけてね。

部首：口（くち）

6画

教科書216ページ

陛

ヘイ

上にはねる　はねる　とめる

使い方

両陛下《りょうへいか》にお目《め》にかかる。

天皇陛下《てんのうへいか》がご出席《しゅっせき》なさる。

皇后陛下《こうごうへいか》のお話《はなし》をうかがう。

形の似た漢字

陛
階
陸
ちがいをしっかり覚えよう。

部首：阝（こざとへん）

10画

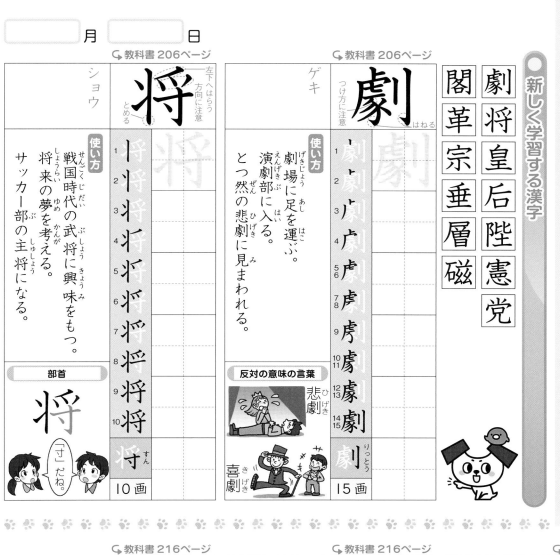

教科書216ページ

憲

ケン

縦に打つ　出さない　とめる

使い方

五月三日《ごがつみっか》は憲法記念日《けんぽうきねんび》だ。

児童憲章《じどうけんしょう》を読《よ》む。

立憲政治《りっけんせいじ》が始《はじ》まる。

1〜16

憲　こころ

16画

部首

「憲」の部首は、「こころ」だよ。

「宀」ではないよ。

教科書216ページ

党

トウ

つける　「⺍」にしない　上へはねる

使い方

党首《とうしゅ》が街《まち》で演説《えんぜつ》する。

徒党《ととう》を組《く》む。

新《あたら》しい政党《せいとう》ができる。

1〜10

儿　ひとあし　にんにょう

10画

字の形に注意

「⺍」ではないので気をつけよう。

教科書216ページ

閣

カク

はらう　とめる　はねる

使い方

内閣総理大臣《ないかくそうりだいじん》が決《き》まる。

天守閣《てんしゅかく》で写真《しゃしん》をとる。

法案《ほうあん》を閣議《かくぎ》で決定《けってい》する。

1〜14

門　もんがまえ

14画

部首

「閣」の部首は、「もんがまえ」だよ。

「問」・「聞」は「もんがまえ」ではないよ！

教科書216ページ

革

カク　◆かわ

出さない　つける

使い方

革命後《かくめいご》、政権《せいけん》が変《か》わった。

皮革製品《ひかくせいひん》を買《か》う。

革新的《かくしんてき》な意見《いけん》が出《で》る。

1〜9

革　かくのかわ　つくりがわ

9画

筆順

革（1 2 3 4）

1〜4画目をしっかり覚えよう。

教科書216ページ

宗

シュウ　◆ソウ

上より長く　はねる

使い方

世界《せかい》にはさまざまな宗教《しゅうきょう》がある。

空海《くうかい》が真言宗《しんごんしゅう》を開《ひら》いた。

異《こと》なる宗派《しゅうは》が集《あつ》まる。

1〜8

宀　うかんむり

8画

部首

「宗」の部首は、「うかんむり」だよ。

「しめす」ではないんだね。

教科書216ページ

垂

スイ　たれる　たらす

少し出す　長く

使い方

垂直《すいちょく》に線《せん》を引《ひ》く。

氷《こおり》がとけて水《みず》が垂《た》れる。

フライパンに油《あぶら》を垂《た》らす。

1〜8

土　つち

8画

送りがな

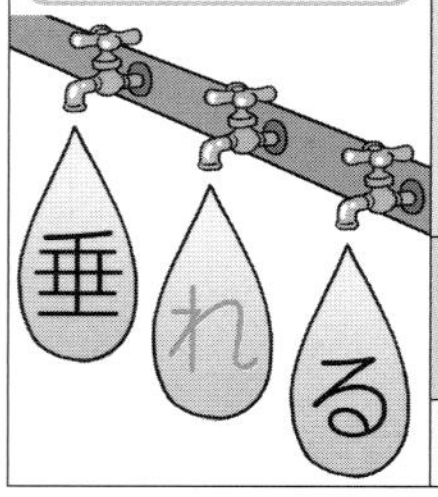
垂
れ
る

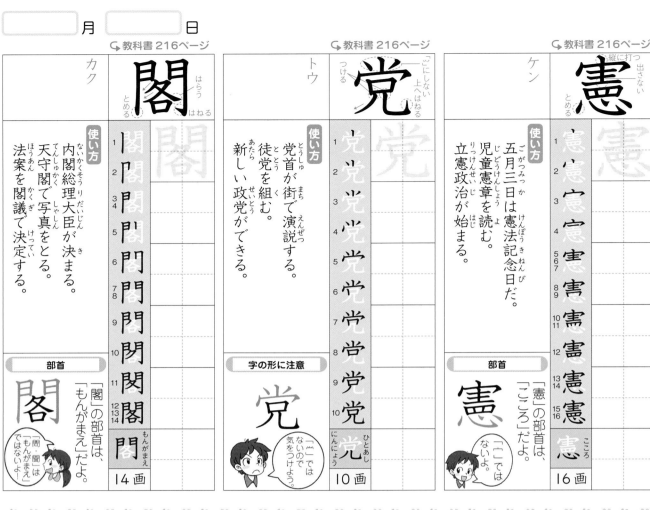

月　　日

教科書216ページ

層

ソウ

はらう　「こ」にしない

使い方

高層《こうそう》ビルが立《た》ち並《なら》ぶ。
地表《ちひょう》に断層《だんそう》が現《あらわ》れる。
地層《ちそう》を調《ちょう》査《さ》する。

部首

「層」の部首は、「かばね」だよ。

しかばね

14画

教科書216ページ

磁

ジ

つける　「亠」にしない

使い方

磁石《じしゃく》にくっつくものを調《しら》べる。
方位《ほうい》磁針《じしん》で方角《ほうがく》を確《かく》にんする。
旅先《たびさき》で磁器《じき》を買《か》う。

字の形に注意

磁

いしへん

14画

読み方が新しい漢字

漢字	読み方	使い方	前に出た読み方
石	シャク	電磁石《でんじしゃく》を作《つく》る	石《いし》　化石《かせき》

漢字クイズ9

答え17ページ

☆　次の熟語と似た意味の熟語ができるように、□に漢字を書きましょう。

例　永久　＝　永［遠］

①　願望　＝　□望

②　進展　＝　□展

③　短所　＝　欠□

④　同意　＝　□成

⑤　最良　＝　最□

⑥　用意　＝　準□

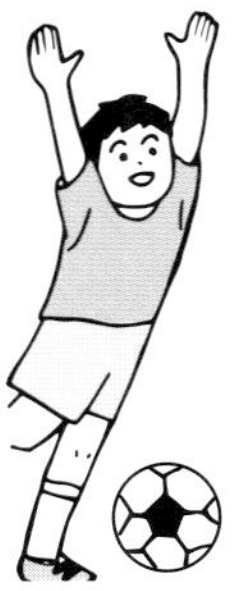

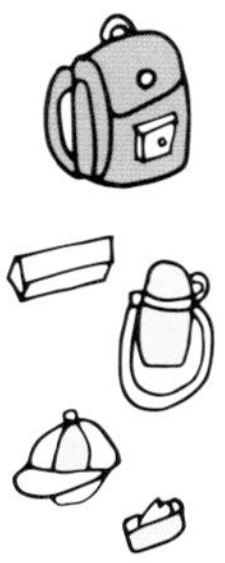

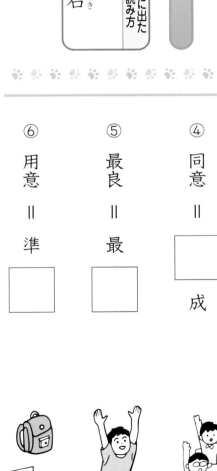

ぴったり2 練習

「考える」とは／使える言葉にするために

教科書 205〜216ページ
答え 12ページ

月　　日

1 ——線の漢字の読みがなを書きましょう。

① **劇団**が公演を行う。（　　）

② 野球部の**主将**になった。（　　）

③ **皇室**にゆかりのある宿。（　　）

④ 日本は**立憲**民主主義の国だ。（　　）

⑤ **政党**の政策を比べてみる。（　　）

⑥ 黒い幕が**垂**れ下がっている。（　　）

⑦ パイ生地《きじ》が**何層**にも重なっている。（　　）

⑧ **皇后陛下**の写真を見る。（　　）

2 □に漢字を書きましょう。

① 京都で□□□《きんかくじ》を見る。

② 日本国□□《けんぽう》について学ぶ。

③ □□《てんのう》陛下にお会いする。

④ 英会話が□□《げきてき》に上達する。

⑤ 子どもの□□《しょうらい》に期待する。

⑥ □□《じしゃく》で砂鉄を集める。

⑦ □□《ないかく》総理大臣

⑧ 姉が□□□《えんげきぶ》に入った。

⑨ □□《こうそう》ビルを見上げる。

⑩ □□《しゅうきょう》団体

⑪ 政治の□□《かいかく》を進める。

⑫ がけで□□《ちそう》の観察をする。

⑬ 定規で□□《すいちょく》な線を引く。

⑭ フランス□□《かくめい》の歴史を学ぶ。

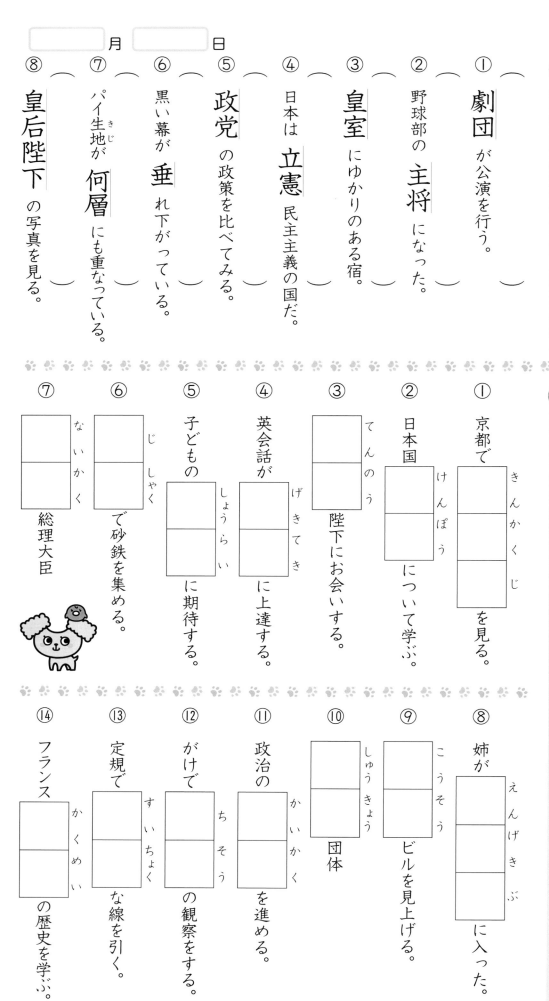

「考える」とは／使える言葉にするために

教科書 205～216ページ
答え 12ページ

月　　日

1 ――線の漢字の読みがなを書きましょう。

① 新しい劇場で上演する。（　　）
② 戦国時代の武将たち。（　　）
③ 憲章に署名する。（　　）
④ 大統領閣下をたたえる。（　　）
⑤ 学校の沿革の資料を読む。（　　）
⑥ キリスト教に改宗する。（　　）
⑦ つり糸を池に垂らす。（　　）
⑧ 強い磁場ができている。（　　）

2 □に漢字を書きましょう。

① 市民□□《けんしょう》を読む。
② 姉が□□□《えんげきぶ》に入った。
③ □□《あまだ》れの音がする。
④ 社会的地位の高い□□《かいぞう》。
⑤ 弟が□□《すんげき》で人を笑わせる。
⑥ □□《しょうぐん》の銅像が建っている。
⑦ 友人と□□《こうきょ》周辺を走る。

⑧ □□《とうは》をこえて協力する。
⑨ □□□《こうたいごう》が君臨する国。
⑩ □□《しゅうきょう》について学ぶ。
⑪ □□□《てんしゅかく》を見上げる。
⑫ 金属が□□《じき》を帯びる。
⑬ 社会が□□□《へんかくき》に入った。
⑭ □□《やとう》の議員が質問する。

月　日

ぴったり1 準備

大切にしたい言葉
今、私は、ぼくは
海の命

教科書 221～246ページ

新しく学習する漢字

操　補　担　姿　討　専　潮　針　穴　灰　奮　済

教科書222ページ

操（大きめに・とめる・はねる）

ソウ
◆◆みさお
◆あやつる

使い方
準備体操《じゅんびたいそう》をする。
飛行機《ひこうき》を操縦《そうじゅう》する。
リモコンで操作《そうさ》する。

てへん　16画

字の形に注意

操
「氵」や「木」と書かないように注意しよう。

教科書222ページ

補（忘れない・とめる・はねる）

ホ
おぎなう

使い方
栄養《えいよう》を補給《ほきゅう》する。
委員長《いいんちょう》に立候補《りっこうほ》する。
説明《せつめい》を補《おぎな》う。

ころもへん　12画

送りがな

補
な
う

教科書224ページ

担（つける・はねる）

タン
◆◆かつぐ
◆になう

使い方
役割《やくわり》を分担《ぶんたん》する。
担任《たんにん》の先生《せんせい》と話《はな》す。
費用《ひよう》を負担《ふたん》する。

てへん　8画

字の形に注意

担
「旦」ではないね。

教科書225ページ

姿（「冫」にしない・はらう・少し出す）

シ
すがた

使い方
活《かつ》やくした選手《せんしゅ》の雄姿《ゆうし》を見《み》る。
姿勢《しせい》を正《ただ》す。
一世一代《いっせいいちだい》の晴《は》れ姿《すがた》。

おんな　9画

漢字の覚え方

次女の姿《すがた》がかわいい。

長女
次女

教科書228ページ

討（ななめに打つ・長く・短く・はねる）

トウ
◆うつ

使い方
やり方《かた》をもう一度《いちど》検討《けんとう》する。
討論会《とうろんかい》を行《おこな》う。
午前中《ごぜんちゅう》で討議《とうぎ》が終《お》わる。

ごんべん　10画

形の似た漢字

検討《けんとう》
計算

演劇会
三びきの子ぶた
白雪ひめ
(白雪ひめ)
・白雪ひめ 1人
・小人 7人…
(三びきの子ぶた)
・子ぶた 3人
・おおかみ 1人…

教科書228ページ

専

セン
◆もっぱら

「丶」はつけない　出さない

9画　専《すん》

使い方

専業農家《せんぎょうのうか》の数《かず》を調《しら》べる。
受験勉強《じゅけんべんきょう》に専念《せんねん》する。
専門家《せんもんか》の意見《いけん》を聞《き》く。

字の形に注意

専（×）　専（○）

教科書232ページ

潮

チョウ
しお

「車」にしない　はらう　はねる

15画　氵《さんずい》

使い方

盛《も》り上《あ》がって気分《きぶん》は最高潮《さいこうちょう》だ。
満潮《まんちょう》の時間《じかん》がせまる。
解散《かいさん》の潮時《しおどき》を待《ま》つ。

漢字の使い分け

うず潮《しお》
塩からい

教科書235ページ

針

シン
はり

少し長く　はねない

10画　金《かねへん》

使い方

時計《とけい》の秒針《びょうしん》を見《み》る。
方針《ほうしん》を立《た》てる。
針金《はりがね》を使《つか》って工作《こうさく》をする。

四字熟語

針小棒大《しんしょうぼうだい》
大げさに言うこと。

教科書240ページ

穴

あな
◆ケツ

あける

5画　穴《あな》

使い方

畑《はたけ》に穴《あな》をほる。
針《はり》の穴《あな》に糸《いと》を通《とお》す。
穴場《あなば》の温泉宿《おんせんやど》を教《おし》えてもらう。

慣用句

穴《あな》があったら入《はい》りたい
かくれてしまいたいほど、はずかしい。

教科書241ページ

灰

はい
◆カイ

はらう

6画　火《ひ》

使い方

変《か》わったデザインの灰皿《はいざら》。
灰色《はいいろ》の絵《え》の具《ぐ》を使《つか》う。
火山灰《かざんばい》が降《ふ》り積《つ》もる。

部首

灰
「灰」の部首は、「ひ」だよ。

教科書241ページ

奮

フン
ふるう

平たく

16画　大《だい》

使い方

興奮《こうふん》して話《はなし》をする。
奮発《ふんぱつ》しておもちゃを買《か》う。
勇気《ゆうき》を奮《ふる》ってちょう戦《せん》する。

送りがな

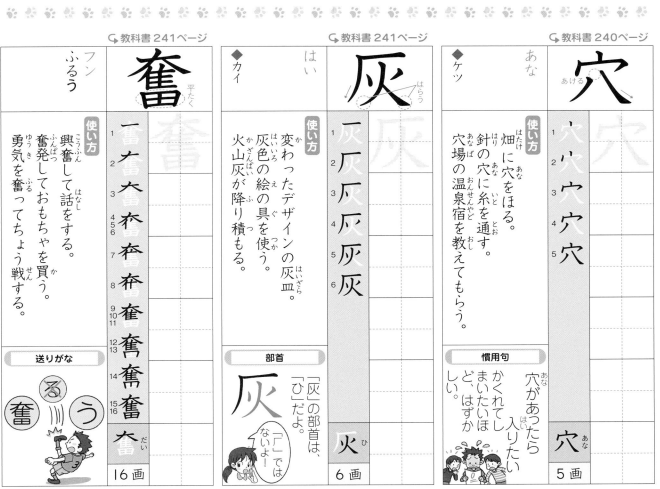

月　　日

教科書243ページ

済

サイ
すむ
すます

はらう　とめる

1 2 3 4 5 6 7 8 9 10 11

さんずい

11画

使い方

借《か》りていたお金《かね》を返済《へんさい》する。
用事《ようじ》が早《はや》く済《す》む。
午前中《ごぜんちゅう》に宿題《しゅくだい》を済《す》ます。

字の形に注意

済

「奮」を書くときは、「大」、「隹」、「田」と一つ一つの部分をていねいに書きましょう。

漢字クイズ10

☆ 次の言葉と合う意味を線でつなぎましょう。

① 危ない橋をわたる　・　　・ ア 危険であるとわかっていて、あえて行う。

② 論より証拠《こ》　・　　・ イ たくさんの男性の中に、ただ一人の女性がいること。

③ 善は急げ　・　　・ ウ 苦労して勉強をすること。

④ 紅一点　・　　・ エ よいことをするのを、ためらってはならない。

⑤ 蛍《ほたる》の光、窓の雪　・　　・ オ あれこれ議論するより、事実のあかしとなるもので物事は明らかになるということ。

答え17ページ

ぴったり2 練習

大切にしたい言葉／今、私は、ぼくは 海の命

教科書 221～246ページ
答え 12ページ

月　日

1 ——線の漢字の読みがなを書きましょう。

① 幼いころの情操教育は大切だ。（　）
② 補給物資が届く。（　）
③ あの人の和服姿は美しい。（　）
④ 討論会は白熱した。（　）
⑤ 学業に専念する。（　）
⑥ 転職の潮時を待つ。（　）
⑦ スコップで穴をほる。（　）
⑧ 大事な試合を前にして奮い立つ。（　）

2 □に漢字を書きましょう。

① 準備□□《たいそう》をする。
② 建物を□□《ほきょう》する。
③ 会長選挙に□□□《りっこうほ》する。
④ 会場の案内を□□《たんとう》する。
⑤ 正しい□□《しせい》を保つ。
⑥ 活発に□□《とうぎ》する。
⑦ □□《せんよう》の工具で修理する。

⑧ 実家は□□《せんぎょう》農家です。
⑨ □□《かんちょう》の浜《はま》辺で貝をとる。
⑩ 社長が新事業の□□《ししん》を示す。
⑪ 庭に□《あな》をほり、木を植える。
⑫ □□《はいいろ》のコートを着る。
⑬ 選手たちが□□《ふんき》する。
⑭ 急いで用事を□《す》ませる。

月　　日

ぴったり2 練習

大切にしたい言葉／今、私は、ぼくは
海の命

教科書 221～246ページ
答え 12ページ

1 ——線の漢字の読みがなを書きましょう。

① 節操がないのは困ります。（　　）
② そのたくらみに加担した。（　　）
③ 心も容姿も美しい人。（　　）
④ 反逆者の追討を命じる。（　　）
⑤ 満潮の時間をむかえる。（　　）
⑥ 太い針金を折り曲げる。（　　）
⑦ 灰皿を片付ける。（　　）
⑧ 全商品が売約済みとなる。（　　）

2 □に漢字を書きましょう。

① □□《びょうしん》がチクタクと動く。
② 飛行機を□□《そうじゅう》する。
③ □□□《かざんばい》が降り積もる。
④ 野球の試合を見て□□《こうふん》した。
⑤ 新学期になって□□《はっぷん》する。
⑥ 事故にあった人々を□□《きゅうさい》する。
⑦ 板に□《あな》をあけて工作をする。
⑧ 説明不足を□《おぎな》う。
⑨ 家族で□□《ぶんたん》してそうじをする。
⑩ □□《たんにん》の先生と面談する。
⑪ 声だけ聞こえて□《すがた》が見えない。
⑫ 旅行計画の□□《けんとう》を重ねる。
⑬ プログラミングを□□《せんもん》に学ぶ。
⑭ クジラが□《しお》をふく。

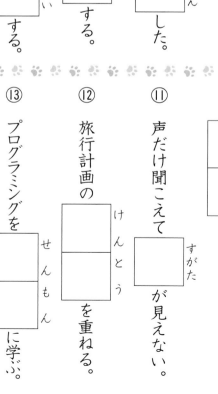

ぴったり2 練習

漢字の広場⑥ 5年生で習った漢字

教科書 247ページ　答え 13ページ

月　日

1 ――線の漢字の読みがなを書きましょう。

① 在校生が**講堂**に集まる。（　　）
② **編集**作業の基本を学ぶ。（　　）
③ 校庭に**桜**の花びらがまう。（　　）
④ チームの**総力**をあげて戦う。（　　）
⑤ **永久**に変わらない友情をちかう。（　　）
⑥ 対戦チームに**圧勝**する。（　　）
⑦ **紀行文**の構成を考える。（　　）
⑧ みんなの意見を**統一**する。（　　）

2 □に漢字を書きましょう。

① □□《たいし》を抱《いだ》く。
② □□□《しんかんせん》で京都へ行く。
③ 私は算数が□□《とくい》だ。
④ □□《しゅうがく》旅行の思い出を語る。
⑤ 真面目に□□《じゅぎょう》を受ける。
⑥ 自分の行動に□□《せきにん》をもつ。
⑦ 早起きの□□《しゅうかん》をつける。

⑧ いろいろなことを□□《けいけん》する。
⑨ クラス全員で□□《だんけつ》する。
⑩ □□《おんし》に感謝する。
⑪ 卒業□□《しょうしょ》を受け取る。
⑫ 姉はテニス部に□□《しょぞく》している。
⑬ □□《こうりつ》の良い製造過程。
⑭ そうじが終わった□□《ほうこく》をする。

春のチャレンジテスト①

（　　）月（　　）日

時間30分
／100
合格80点

教科書
196～246ページ
答え
13ページ

1 ―線の漢字の読みがなを書きましょう。 一つ2点（20点）

① 強い磁力がある。（　　）
② 天皇陛下が外国を訪問される。（　　）
③ 湖に張った氷の穴に長いつり糸を垂らした。（　　）（　　）
④ 国会で改革案が提出される。（　　）
⑤ 大寺院の宗務を任されている。（　　）
⑥ 喜びで胸がいっぱいになった。（　　）
⑦ 早いうちに宿題を済ます。（　　）
⑧ 歴史の専門家といっしょに京都の銀閣寺の庭を歩く。（　　）（　　）

2 次の□に、上で示した読み方をする漢字を入れて、熟語を完成させましょう。 一つ2点（20点）

① ショウ　ア □来の夢　イ 社会保□制度
② フン　ア □末スープ　イ □起する
③ トウ　ア 政□の代表　イ □一する
④ ケン　ア 保□をかける。　イ 日本国□法
⑤ サイ　ア 救□措《そ》置　イ 国□連盟

3 次の―線の部分が、他の二つとちがう読み方をする熟語を選んで、その読み方を書きましょう。 一つ2点（12点）

例 ア 文章　イ 文句　ウ 文学　（イ）（もん）
① ア 風潮　イ 潮風　ウ 干潮　（　　）（　　）
② ア 方針　イ 長針　ウ 針金　（　　）（　　）
③ ア 姿勢　イ 容姿　ウ 着物姿　（　　）（　　）

　　月　　日

4 □に漢字を書きましょう。

一つ2点（20点）

① 新しい□□《げきじょう》ができる。

② 試合の前に気力を□《ふる》い立たせる。

③ 長い□□《とうぎ》の末に結論が出た。

④ 会計係を□□《たんとう》する。

⑤ 階段を□□《ほきょう》する。

⑥ 海軍の□□《しょうこう》。

⑦ □□《めいろう》に答える。

⑧ □□□《たいそうふく》

⑨ □□《かたて》で持つ。

⑩ □□《ひょうそう》なだれ

5 次の漢字の赤い部分は、何画目に書きますか。数字で答えましょう。

一つ2点（12点）

① 専　□画目

② 革　□画目

③ 垂　□画目

④ 陛　□画目

⑤ 済　□画目

⑥ 磁　□画目

6 次の文から、まちがって使われている漢字をぬき出して、正しい漢字を書きましょう。

一つ2点（16点）

① 皇合陛下《こうごうへいか》が北海道《ほっかいどう》を訪問《ほうもん》された。　×□　○□

② 火山炭《かざんばい》がふもとの町《まち》に降《ふ》る。　×□　○□

③ 内各総理大臣《ないかくそうりだいじん》の演説《えんぜつ》を聞《き》く。　×□　○□

④ 庭《にわ》に深《ふか》い六《あな》をほって、宝物《たからもの》をうめた。　×□　○□

春のチャレンジテスト②

月　日

時間30分　／100　合格80点

教科書 196〜246ページ　答え 14ページ

1 ――線の漢字の読みがなを書きましょう。　一つ2点(30点)

① 大潮（　）の日にサーフィンをする。

② 犬がほった穴（　）にうっかり片方（　）のくつを落とす。

③ 仏閣（　）について調べる担当（　）になる。

④ 二大政党（　）について検討（　）する。

⑤ けがで欠場する主将（　）の穴を全員で補（　）う。

⑥ 姿勢（　）を正しくして操縦（　）しよう。

⑦ お祝いに大層（　）なごちそうを奮発（　）する。

⑧ 基本方針（　）がつい先ほど閣議（　）決定された。

2 次の意味をもつ熟語を、□の漢字を組み合わせて作りましょう。　一つ2点(12点)

① 重要で根本的なことを定めて宣言したもの。

② 明るい内容の知らせ。うれしい知らせ。

③ 商品やサービスに対する支はらいが終わること。

④ 一つの会社や団体とだけ、けい約していること。

⑤ 物事を進めるうえでたよりとなるもの。

⑥ 水平面、地平面に対して直角の方向にあること。

一文字目：朗　垂　指　専　憲　決

二文字目：属　済　章　針　直　報

月　日

3 □に漢字を書きましょう。

一つ2点（22点）

① 美術館で□□□《しゅうきょうが》を見る。

② 三角形の頂点から底辺に□□《すいせん》を引く。

③ 友人の□□《きょうちゅう》を察する。

④ 強い□□□《でんじは》。

⑤ □□《はいいろ》の空。

⑥ □□《かくめい》の記念日。

⑦ 手続きを□《す》ます。

⑧ 姉の晴れ着□《すがた》。

⑨ □□《きげき》俳優になる。

⑩ □□□□《てんのうへいか》

⑪ □□《せんよう》列車に乗る。

4 次の漢字の部首名を、平がなで書きましょう。

一つ3点（24点）

例 花（くさかんむり）

① 討（　）

② 操（　）

③ 補（　）

④ 将（　）

⑤ 閣（　）

⑥ 針（　）

⑦ 片（　）

⑧ 潮（　）

5 次の□に、上で示した読み方をする漢字を入れて、熟語を完成させましょう。

一つ2点（12点）

① カク　ア 変□　イ □大

② シュウ　ア □職　イ □派

③ コウ　ア 乗□　イ □太子

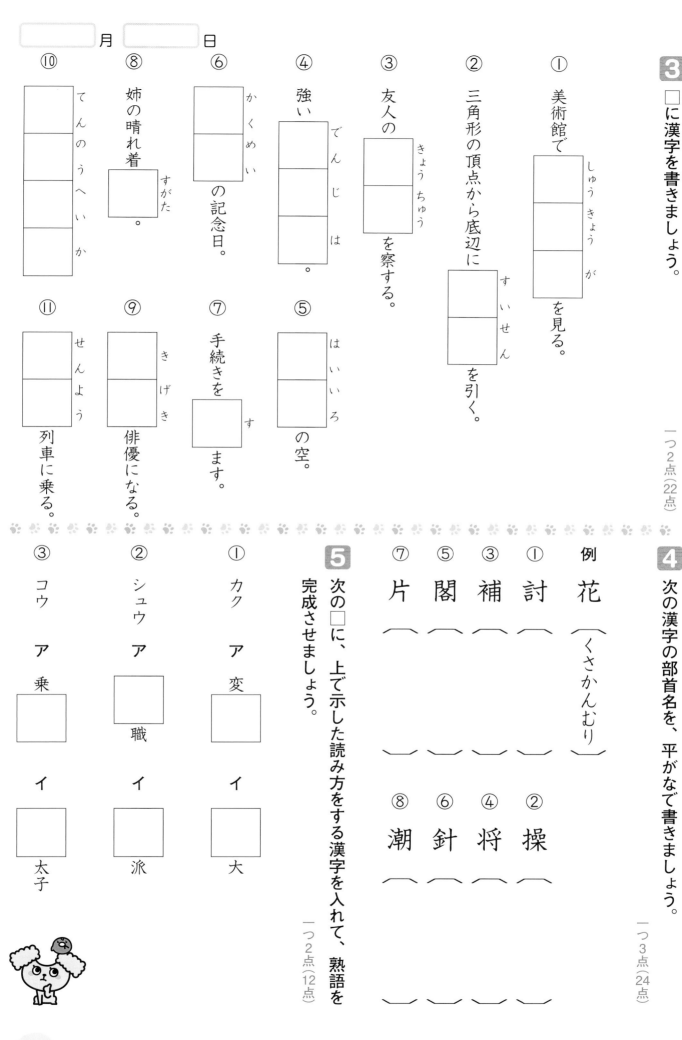

読み方さくいん

❖六年生で習う漢字の読みを全部のせています。
❖かたかなは音読み、ひらがなは訓読みです。
❖＊印の読み方は、小学校では習わない読み方です。
❖数字は、この本で出てくるページです。

あ

あずかる 預 66
あずける 預 66
＊あたい 値 40
あたたか 暖 70
あたたかい 暖 70
あたたまる 暖 70
あたためる 暖 70
あな 穴 85
あぶない 危 55
＊あやうい 危 55
＊あやつる 操 84
＊あやぶむ 危 55
あやまる 誤 32
あらう 洗 3
＊あらわす 著 27

い

イ 異 3
イ 胃 12
イ 遺 46
イキ 域 7
いずみ 泉 51
いたい 痛 45
いただき 頂 50
いただく 頂 50
いたむ 痛 45
＊いたむ 傷 45
いためる 痛 45
＊いためる 傷 45
いたる 至 56
＊いちじるしい 著 27
＊いな 否 55
いる 射 3

う

ウ 宇 32
＊うけたまわる 承 10
うたがう 疑 20
＊うつ 討 84
うつす 映 7
うつる 映 7
うやまう 敬 62
うら 裏 51
＊うれる 熟 44

え

エイ 映 7
エン 沿 30
エン 延 33

お

オウ 皇 79
おがむ 拝 64
おぎなう 補 84
＊おごそか 厳 41
おさない 幼 27
おさまる 収 23
おさまる 納 23
おさめる 収 23
おさめる 納 23
＊おす 推 41
＊おとずれる 訪 8
＊おのれ 己 51
おりる 降 3
おろす 降 3
オン 恩 11

か

＊ガ 我 10
＊カイ 灰 85
かいこ 蚕 51
カク 拡 7
カク 閣 80
カク 革 80
かた 片 76
＊かたい 難 20
＊かたき 敵 50
＊カツ 割 55
＊かつぐ 担 84
＊かなでる 奏 58
かぶ 株 52
＊かわ 革 80
カン 簡 19
カン 看 59
カン 巻 61
カン 干 65

き

＊キ 机 19
キ 貴 41
キ 揮 45
＊キ 己 51
キ 危 55
ギ 疑 20
きざむ 刻 19
きず 傷 45
きぬ 絹 64
きびしい 厳 41
キュウ 吸 17
キョウ 供 23
キョウ 郷 62
キョウ 胸 76
キン 勤 23
キン 筋 61

く

＊ク 供 23
＊ク 紅 56
＊くら 蔵 8
くらす 暮 27
＊くれない 紅 56
くれる 暮 27

け

ケイ 警 22
ケイ 系 52
ケイ 敬 62
ゲキ 激 19
ゲキ 劇 79
＊ケツ 穴 85
ケン 券 22
ケン 権 28
＊ケン 絹 64
ケン 憲 80
ゲン 源 40
ゲン 厳 41

こ

コ 呼 17
コ 己 51
ゴ 誤 32
コウ 降 3
コウ 紅 56
コウ 鋼 64
コウ 孝 65
コウ 皇 79
コウ 后 79
＊ゴウ 郷 62
コク 刻 19
コク 穀 66
コツ 骨 61
こと 異 3
こまる 困 59
コン 困 59
＊ゴン 勤 23
＊ゴン 権 28
＊ゴン 厳 41

さ

サ 砂 2
ザ 座 27
サイ 裁 11
サイ 済 86
さがす 探 27
＊さかる 盛 61
＊さかん 盛 61

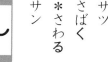

な

読み	漢字	
*ナ	納	23
*ない	亡	65
*ナッ	納	23
なみ	並	2
ならびに	並	2
ならぶ	並	2
ならべる	並	2
ナン	難	20
*ナン	納	23

に

読み	漢字	
*ニ	仁	51
*になう	担	84
*ニャク	若	45
ニュウ	乳	58
*ニン	認	3

ね

読み	漢字	
ね	値	40

の

読み	漢字	
ノウ	脳	11
ノウ	納	23
のぞく	除	51
*のぞむ	臨	11
のばす	延	33
のびる	延	33
のべる	延	33

は

読み	漢字	
ハ	派	22
ハイ	背	4
ハイ	肺	12
ハイ	俳	32
ハイ	拝	64
はい	灰	85
*はえる	映	7
*はがね	鋼	64
バク	幕	32
はげしい	激	19
はら	腹	2
はり	針	85
ハン	班	55
バン	晩	33

ひ

読み	漢字	
ヒ	批	45
ヒ	否	55
ヒ	秘	64
*ひめる	秘	64
ヒョウ	俵	66
*ひる	干	65

ふ

読み	漢字	
フク	腹	2
ふる	降	3
ふるう	奮	85
フン	奮	85

へ

読み	漢字	
*ヘイ	並	2
ヘイ	閉	45
ヘイ	陛	79
べに	紅	56
*ヘン	片	76

ほ

読み	漢字	
ホ	補	84
*ボ	暮	27
ボ	模	33
ホウ	訪	8
ホウ	宝	61
*ボウ	忘	70
ボウ	棒	44
ボウ	亡	65
*ほがらか	朗	76
*ほしい	欲	52
ほす	干	65
*ほっする	欲	52
ほね	骨	61

ま

読み	漢字	
マイ	枚	24
まき	巻	61
マク	幕	32
まく	巻	61
*まこと	誠	50
まど	窓	33

み

読み	漢字	
*みさお	操	84
みだす	乱	4
みだれる	乱	4
ミツ	密	17
みとめる	認	3
みなもと	源	40

む

読み	漢字	
*むす	蒸	10
むずかしい	難	20
*むな	胸	76
むね	胸	76
*むらす	蒸	10
*むれる	蒸	10

め

読み	漢字	
メイ	盟	52

も

読み	漢字	
モ	模	33
*モウ	亡	65
*もしくは	若	45
*もっぱら	専	85
もる	盛	61

や

読み	漢字	
ヤク	訳	70
*やさしい	優	41

ゆ

読み	漢字	
*ユイ	遺	46
ユウ	優	41
ユウ	郵	65

よ

読み	漢字	
ヨ	預	66
よい	善	55
ヨウ	幼	27
ヨク	翌	46
ヨク	欲	52
*よそおう	装	30
よぶ	呼	17

ら

読み	漢字	
ラン	乱	4
ラン	覧	40
*ラン	卵	58

り

読み	漢字	
*リ	裏	51
*リチ	律	11
リツ	律	11
リン	臨	11

ろ

読み	漢字	
ロウ	朗	76
ロン	論	33

わ

読み	漢字	
*わ	我	10
わかい	若	45
わけ	訳	70
わすれる	忘	70
わたくし	私	17
わたし	私	17
わり	割	55
わる	割	55
われ	我	10
われる	割	55

3 次の――線の平がなを、漢字と送りがなに分けて書きましょう。

一つ1点(6点)

① 会社に つとめる。 〔　|　〕

② あぶない 橋をわたる。 〔　|　〕

③ かれの言葉を うたがう。 〔　|　〕

④ 自分がやったと みとめる。 〔　|　〕

⑤ 大家族で くらす。 〔　|　〕

⑥ 日差しが あたたかい。 〔　|　〕

4 次の□に共通して入る漢字を書きましょう。

一つ1点(6点)

① 役□・□り算・□り当て　□

② □比べ・□景・□中　□

③ 車を□りる・雪が□る・□参　□

④ □幕・□じる・□まる　□

⑤ 絵□物・全二十□・舌を□く　□

⑥ お□を連れる・□給・花を□える　□

5 次の漢字の中で、他の三つと総画数がちがうものを選び、その漢字と総画数を書きましょう。

一つ1点(6点)

		漢字	総画数
①	処　冊　片　庁	□	□画
②	亡　己　干　尺	□	□画
③	閣　聖　障　誤	□	□画

6 次の漢字の赤い部分は、何画目に書きますか。数字で答えましょう。

一つ1点(6点)

① 域　□画目

② 若　□画目

③ 敵　□画目

④ 承　□画目

⑤ 臨　□画目

⑥ 骨　□画目

7 次の□に、上で示した読み方をする漢字を入れて、熟語を完成させましょう。

一つ2点(26点)

① コウ
ア □室
イ □白
ウ □鉄
エ 親□行

② セン
ア □門
イ 開会□言
ウ 温□
エ □面器
オ □湯

③ シュウ
ア □入
イ □教
ウ □職
エ □議院

6年 漢字のまとめ

学力診断《しんだん》テスト①

名前

月　日

時間 30分

合格80点　／100

答え 15ページ

1 線の漢字の読みがなを書きましょう。（一つ1点（25点））

① 展覧会（　）で、お気に入りの絵（　）を探（　）す。

② 養蚕（　）業がさかんな町を訪問（　）する。

③ 卵（　）を使ったごく簡素（　）な料理を作る。

④ 潮（　）の香りのする海辺を散策（　）する。

⑤ 熟（　）したサクランボを果樹園（　）で食べた。

⑥ 郷里（　）に行くため、明晩（　）から留守にします。

⑦ 批判（　）されても誠意（　）をもって対応する。

⑧ 肺呼吸（　）の生き物についての調査を済（　）ませる。

⑨ 通訳（　）について学んだ恩師（　）を、終生敬（　）う。

⑩ 大雨警報（　）が夜になって解除（　）される。

⑪ 皮革（　）製品を売っている店で値段（　）をきく。

⑫ 数々の困難（　）を経て、優勝（　）することができた。

2 □に漢字を書きましょう。（一つ1点（25点））

① 消灯□□《じこく》を過ぎても、話が□《も》り上がる。

② まだ□□《ほけつ》だが、□□□《せいちょうかぶ》の選手。

③ □□《さいしん》の注意をはらい、指示に□《したが》う。

④ エンジン□□《そうち》から□□《いよう》な音がする。

⑤ 布を□《そ》めたところ、少し□《ち》ぢんだ。

⑥ □《はら》が立ち、□□《こうふん》して□《われ》を忘れる。

⑦ □□《じなん》の話は□□《すじみち》が通っている。

⑧ □□《ぶんたん》して、ごみを□《す》てる。

⑨ □□《ひげき》をあつかった□□《えいが》をみる。

⑩ □《はり》の□《あな》に糸を通す。

⑪ □□《よくじつ》のバスの□□《うんちん》を調べる。

⑫ □□《しんぞう》の悪い病人を□□《かんご》する。

裏にも問題があります。

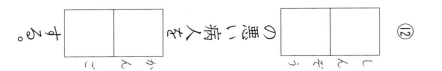

3 次の□に漢字を入れて、矢印の上と下の言葉が反対の意味になるようにしましょう。 一つ1点(8点)

① 満潮 ↔ □潮（かんちょう）

② 横断 ↔ □断（じゅうだん）

③ 短縮 ↔ □長（えんちょう）

④ 縮小 ↔ □大（かくだい）

⑤ 入室 ↔ □室（たいしつ）

⑥ 水平 ↔ □直（すいちょく）

⑦ 悪意 ↔ □意（ぜんい）

⑧ 整然 ↔ □雑（らんざつ）

4 次の漢字の●でかくれた部分は、はねますか、はねませんか。はねる場合は〇、はねない場合は×で答えましょう。 一つ1点(4点)

① 預● □　② 亡● □

③ 就● □　④ 片● □

5 次の意味をもつ熟語を、□の漢字を組み合わせて作りましょう。 一つ2点(10点)

① 物事を行うのが非常にむずかしい様子。 □□

② 人に知らせずに、かくしておく事がら。 □□

③ 液体がその表面から気体になる現象。 □□

④ 鉄を引きつけるはたらきをもつ物体。 □□

⑤ 気持ちがあかるく、ほがらかなこと。 □□

密　石　明　困　発　磁　秘　蒸　朗　難

6 次の①〜⑧の中に漢字を入れ、漢字のしりとりを完成させます。当てはまる漢字を□の中から選び、書きましょう。（同じ漢字は一回しか使えません。） 一つ2点(16点)

○ 公 ① → ① 立 → 立 候 ② → ② 欠

○ 黄《こう》 ③ → ③ 鉄 → 鉄 ④ → ④ 線

○ 屋 根 ⑤ → ⑤ 山 → 山 ⑥ → ⑥ 点

○ 通 ⑦ → ⑦ 語 → 語 ⑧ → ⑧ 流

裏　訳　補　源

頂　棒　砂　私

① □　② □　③ □　④ □

⑤ □　⑥ □　⑦ □　⑧ □

7 次の文から、まちがって使われている漢字をぬき出し、正しい漢字を書きましょう。 上下それぞれ1点(12点)

① 昨晩《さくばん》から復痛《ふくつう》で苦《くる》しむ。 × □　○ □

② バッテリー内臓《ないぞう》の電話機《でんわき》。 × □　○ □

③ 単準明快《たんじゅんめいかい》な説明《せつめい》。 × □　○ □

④ あの人《ひと》は落天家《らくてんか》だ。 × □　○ □

⑤ 南西署島《なんせいしょとう》を旅《たび》する。 × □　○ □

⑥ 旅先《たびさき》で肺句《はいく》を作《つく》る。 × □　○ □

6年 漢字のまとめ

学力診《しん》断《だん》テスト②

名前　　　月　　日

時間 30分　合格80点　／100

答え 16ページ

1 ——線の漢字の読みがなを書きましょう。　一つ1点(25点)

① 好きな作家の遺作となった推理小説を読む。

② 楽器ごとの班に分かれて、演奏会の練習をする。

③ 券売機がいきなり故障した。

④ 貴重な体験談を冊子にまとめる。

⑤ 念願だった大仏を拝んで、とても感激する。

⑥ 電気系統のシステムを操作する。

⑦ 派生した問題は、枚挙にいとまがない。

⑧ 新しいものを創作するために力を発揮する。

⑨ 県庁の相談窓口に一時間並ぶ。

⑩ 学者が地層のでき方について意欲的に調べる。

⑪ 憲法では、個人の尊重がうたわれる。

⑫ 厳しい運命とたたかう若者が主人公の物語。

2 □に漢字を書きましょう。　一つ1点(25点)

① 二国間の□□《どうめい》が締《てい》結に□《いた》る。

② □□《ちゅうしゃ》のあとが□《きず》になる。

③ こわれた□□《もけい》を□□《しょぶん》する。

④ 二つの□□《せいとう》が□□《とうろん》を行う。

⑤ □□《ちょめい》な作家が□□《たんじょう》して百年だ。

⑥ 大通り□《ぞ》いの店で買い物をして□□《きたく》する。

⑦ □□《けんり》を主張したが、□□《ひてい》された。

⑧ □□《こくもつ》を燃やして□《はい》をつくる。

⑨ □□□《げっかんし》が□□《ゆうそう》で□《とど》く。

⑩ 学校の□《つくえ》の中にノートを□《わす》れる。

⑪ 江戸《えど》□□《ばくふ》の□□《しょうぐん》は十五人だ。

⑫ □□《うちゅう》に行くのが□《おさな》いころからの夢です。

裏にも問題があります。

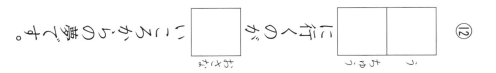

この「丸つけラクラク解答」はとりはずしてお使《つか》いください。

教科書ぴったりトレーニング

丸つけラクラク解答

光村図書版 漢字6年

「丸つけラクラク解答」では問題《もんだい》と同じ紙面《しめん》に、赤字で答えを書いています。
①問題がとけたら、まずは答え合わせをしましょう。
②まちがえた問題やわからなかった問題は、ぴったり1にもどったり、教科書を見返《みかえ》したりして、もう一度《いちど》見直しましょう。

見やすい答え

てびき

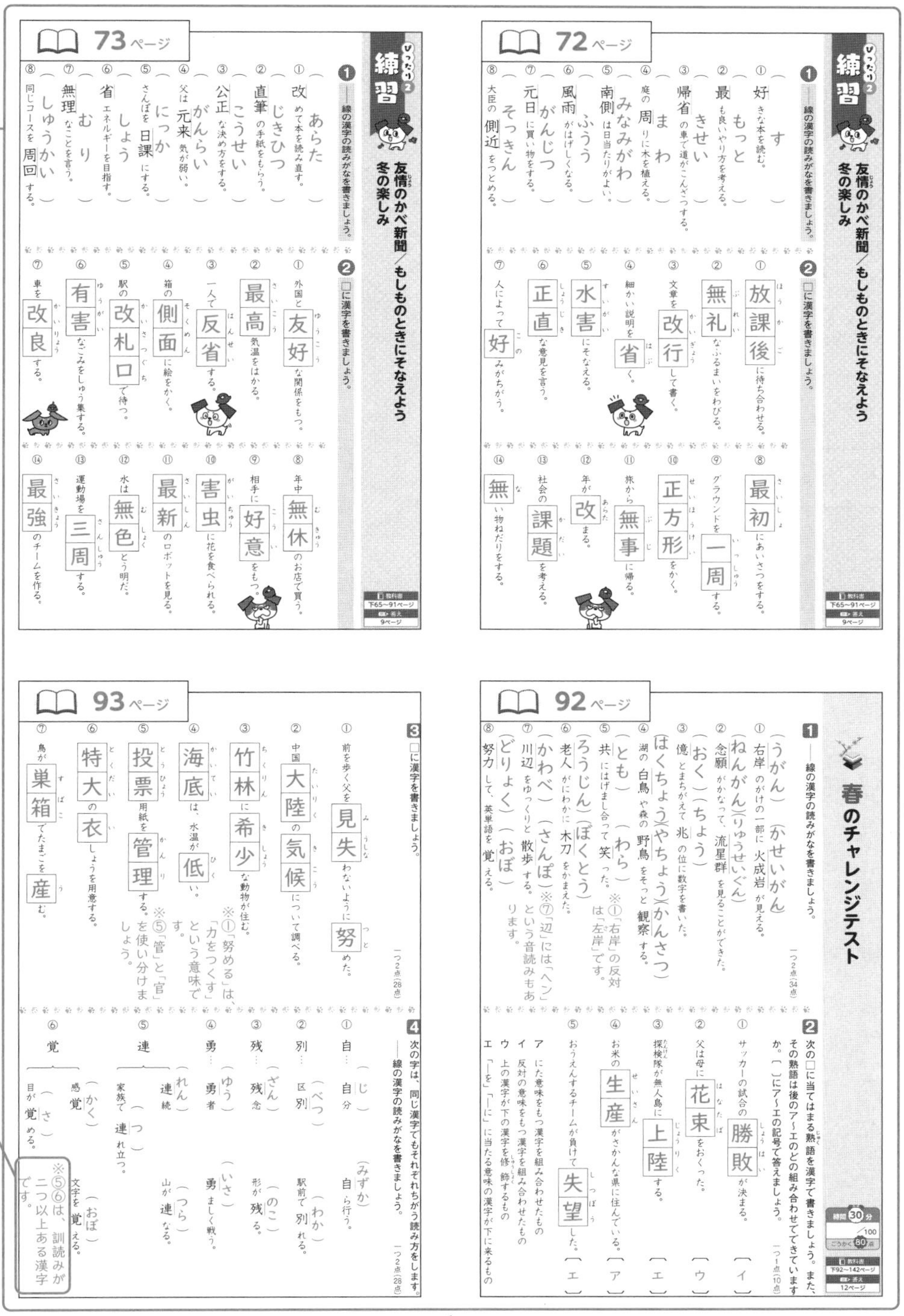
72ページ

練習 ぴったり2 友情のかべ新聞／もしものときにそなえよう 冬の楽しみ

1 ——線の漢字の読みがなを書きましょう。
① 好きな本を読む。（す）
② 最も良いやり方を考える。（もっと）
③ 帰省の車で道がこんざつする。（きせい）
④ 庭の周りに木を植える。（まわ）
⑤ 南側は日当たりがよい。（みなみがわ）
⑥ 風雨がはげしくなる。（ふうう）
⑦ 元日に買い物をする。（がんじつ）
⑧ 大臣の側近をつとめる。（そっきん）

2 □に漢字を書きましょう。
① 放課後に待ち合わせる。
② 無礼なふるまいをわびる。
③ 文章を改行して書く。
④ 細かい説明を省く。
⑤ 水害にそなえる。
⑥ 正直な意見を言う。
⑦ 人によって好みがちがう。
⑧ 最初にあいさつをする。
⑨ グラウンドを一周する。
⑩ 正方形をかく。
⑪ 旅から無事に帰る。
⑫ 年が改まる。
⑬ 社会の課題を考える。
⑭ 無い物ねだりをする。

教科書 下65～91ページ 答え 9ページ

73ページ

1
① 改めて本を読み直す。（あらた）
② 直筆の手紙をもらう。（じきひつ）
③ 公正な決め方をする。（こうせい）
④ 父は元来気が弱い。（がんらい）
⑤ さんぽを日課にする。（にっか）
⑥ 省エネルギーを目指す。（しょう）
⑦ 無理なことを言う。（むり）
⑧ 同じコースを周回する。（しゅうかい）

2
① 外国と友好な関係をもつ。
② 最高気温をはかる。
③ 一人で反省する。
④ 箱の側面に絵をかく。
⑤ 駅の改札口で待つ。
⑥ 有害なごみをしゅう集する。
⑦ 車を改良する。
⑧ 年中無休のお店で買う。
⑨ 相手に好意をもつ。
⑩ 害虫に花を食べられる。
⑪ 最新のロボットを見る。
⑫ 水は無色とう明だ。
⑬ 運動場を三周する。
⑭ 最強のチームを作る。

92ページ

春のチャレンジテスト

1 ——線の漢字の読みがなを書きましょう。 一つ2点（34点）
① 右岸のがけの一部に火成岩が見える。（うがん）（かせいがん）
② 念願がかなって、流星群を見ることができた。（ねんがん）（りゅうせいぐん）
③ 億とまちがえて兆の位に数字を書いた。（おく）（ちょう）
④ 湖の白鳥や森の野鳥をそっと観察する。（はくちょう）（やちょう）（かんさつ）
⑤ 共にはげまし合って笑った。（とも）（わら）
⑥ 老人がにわかに木刀をかまえた。（ろうじん）（ぼくとう）
⑦ 川辺をゆっくりと散歩する。（かわべ）（さんぽ）
⑧ 努力して英単語を覚える。（どりょく）（おぼ）
※①「右岸」の反対は「左岸」です。
※⑦「辺」には「ヘン」という音読みもあります。

2 次の□に当てはまる熟語を漢字で書きましょう。また、その熟語は後のア～エのどの組み合わせでできていますか。（ ）にア～エの記号で答えましょう。 一つ1点（10点）
① サッカーの試合の勝敗が決まる。（イ）
② 父は母に花束をおくった。（ウ）
③ 探検隊が無人島に上陸する。（エ）
④ お米の生産がさかんな県に住んでいる。（ア）
⑤ おうえんするチームが負けて失望した。（エ）
ア 似た意味をもつ漢字を組み合わせたもの
イ 反対の意味をもつ漢字を組み合わせたもの
ウ 上の漢字が下の漢字を修飾するもの
エ 「～を」「～に」に当たる意味の漢字が下に来るもの

時間30分 /100 ごうかく80点 教科書 下92～142ページ 答え 12ページ

93ページ

3 □に漢字を書きましょう。 一つ2点（28点）
① 前を歩く父を見失わないように努めた。
② 中国の大陸の気候について調べる。
③ 竹林に希少な動物が住む。
④ 海底は、水温が低い。
⑤ 投票用紙を管理する。
⑥ 特大の衣しょうを用意する。
⑦ 鳥が巣箱でたまごを産む。
※①「努める」は「力をつくす」という意味です。
※⑤「管」と「官」を使い分けましょう。

4 次の字は、同じ漢字でもそれぞれちがう読み方をします。——線の漢字の読みがなを書きましょう。 一つ2点（28点）
① 自…自分（じ） 自ら行う。（みずか）
② 別…区別（べつ） 駅前で別れる。（わか）
③ 残…残念（ざん） 形が残る。（のこ）
④ 勇…勇者（ゆう） 勇ましく戦う。（いさ）
⑤ 連…連続（れん） 家族で連れ立つ。（つ） 山が連なる。（つら）
⑥ 覚…感覚（かく） 目が覚める。（さ） 文字を覚える。（おぼ）
※⑤⑥は、訓読みが二つ以上ある漢字です。

※紙面はイメージです。

5ページ

練習 ぴったり2　帰り道

1 ——線の漢字の読みがなを書きましょう。

① 砂（さ）ばくをラクダで旅する。
② 弟のいたずらに腹（はら）を立てる。
③ さまざまな段階（だんかい）を経る。
④ 祖父と春の並木道（なみきみち）を歩く。
⑤ 失敗を認（みと）める。
⑥ ブラシで洗車（せんしゃ）する。
⑦ 異星人（いせいじん）が登場する物語。
⑧ クロールと背泳（はいえい）の練習をする。

2 □に漢字を書きましょう。

① 急に視界《しかい》が開ける。
② 砂《すな》あらしがふきあれる。
③ 山の中腹《ちゅうふく》でひと休みする。
④ 段差《だんさ》でつまずく。
⑤ 講堂に机《つくえ》を並《なら》べる。
⑥ 今年初めての雪が降《ふ》る。
⑦ よごれを洗《あら》い流す。
⑧ 兄と意見を異《こと》にする。
⑨ 単純《たんじゅん》な作業をくり返す。
⑩ 病院で注射《ちゅうしゃ》を打つ。
⑪ 背中《せなか》がかゆくなる。
⑫ ごみを捨《す》てに行く。
⑬ ぺろりと舌《した》を出す。
⑭ 辺りに書類が散乱《さんらん》している。

教科書 25〜40ページ　答え 2ページ

6ページ

練習 ぴったり2　帰り道

1 ——線の漢字の読みがなを書きましょう。

① 海外旅行で視野（しや）が広がる。
② パラシュートで降下（こうか）する。
③ ていねいに手を洗（あら）う。
④ 純（じゅん）すいな心のもち主だ。
⑤ 友達と背比（せいくら）べをする。
⑥ 不用品を捨（す）てる。
⑦ ごちそうに舌（した）つづみを打つ。
⑧ たいこを乱（みだ）れ打ちする。

2 □に漢字を書きましょう。

① 他人の視線《しせん》を感じる。
② 小さな子どもが砂場《すなば》で遊ぶ。
③ 腹《はら》をかかえて笑う。
④ 階段《かいだん》を上って屋上に行く。
⑤ 氏名並《なら》びに住所を記入する。
⑥ 自分の負けを認《みと》める。
⑦ 異様《いよう》な音が聞こえる。
⑧ ロケットが発射《はっしゃ》される。
⑨ いそがしくて頭が混乱《こんらん》する。
⑩ 社長の腹心《ふくしん》として働く。
⑪ よごれた服を洗《せん》たくする。
⑫ それぞれ性格が異《こと》なる。
⑬ 的をめがけて矢を射《い》る。
⑭ 背後《はいご》から声をかける。

教科書 25〜40ページ　答え 2ページ

9ページ

練習 ぴったり2　公共図書館を活用しよう

1 ——線の漢字の読みがなを書きましょう。

① 域内（いきない）の公園の数を調べる。
② 本屋で月刊誌（げっかんし）を買う。
③ 兄と映画（えいが）の話をする。
④ 会社の事業を拡張（かくちょう）する。
⑤ 町はめざましい発展（はってん）をとげた。
⑥ 図書館の蔵書（ぞうしょ）を点検する。
⑦ 来訪（らいほう）の目的をたずねる。
⑧ 大きなスクリーンに映（うつ）し出す。

2 □に漢字を書きましょう。

① この地域《ちいき》の集会所に行く。
② 雑誌《ざっし》の記事を読む。
③ 新作ドラマが放映《ほうえい》される。
④ 図形を拡大《かくだい》する。
⑤ 思いがけない展開《てんかい》となった。
⑥ 美術館が所蔵《しょぞう》する絵画。
⑦ 訪日《ほうにち》した外国人をもてなす。
⑧ 南の海域《かいいき》で台風が発生した。
⑨ 美しい映像《えいぞう》に見入る。
⑩ うわさが拡散《かくさん》される。
⑪ 会場に仏像を展示《てんじ》する。
⑫ 愛蔵《あいぞう》の刀を見せてもらう。
⑬ 古い神社を訪《たず》ね歩く。
⑭ 鏡に顔を映《うつ》す。

教科書 41〜43ページ　答え 2ページ

13ページ

練習 ぴったり2　漢字の形と音・意味

1 ——線の漢字の読みがなを書きましょう。

① その条件は承服（しょうふく）できない。
② 液体が蒸発（じょうはつ）する。
③ 伝票を処理（しょり）する。
④ 委員長に就任（しゅうにん）する。
⑤ 物質の臨界点（りんかいてん）を調べる。
⑥ あの人は従順（じゅうじゅん）な性格だ。
⑦ あなたには深い恩義（おんぎ）がある。
⑧ 細心（さいしん）の注意をはらう。

2 □に漢字を書きましょう。

① 我《われ》々《われ》が試合に勝利した。
② 文化を伝承《でんしょう》する。
③ やかんから蒸気《じょうき》が出ている。
④ 事態の変化に対処《たいしょ》する。
⑤ 兄が会社に就職《しゅうしょく》する。
⑥ 臨時《りんじ》のアルバイトをやとう。
⑦ 委員会のルールに従《したが》う。
⑧ あなたは命の恩人《おんじん》です。
⑨ 父が裁判官《さいばんかん》に任命された。
⑩ 貿易についての法律《ほうりつ》を定める。
⑪ すぐれた頭脳《ずのう》のもち主だ。
⑫ 心臓《しんぞう》がどきどきする。
⑬ 病院で大腸《だいちょう》の検査をする。
⑭ 肺活量《はいかつりょう》を測定する。

教科書 44〜45ページ　答え 2ページ

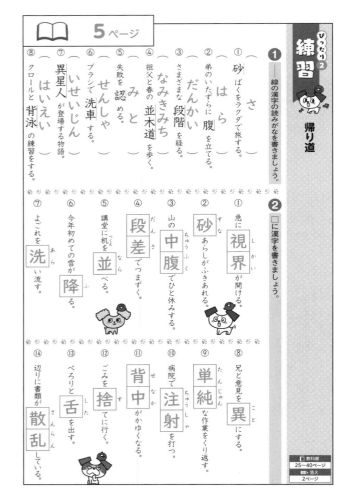

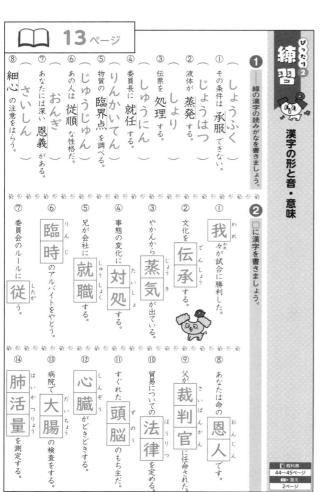

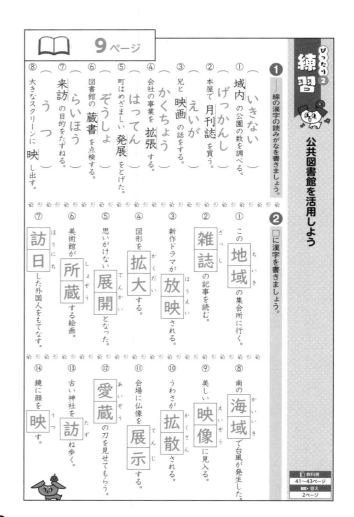

14ページ

練習 ぴったり2　漢字の形と音・意味

1 ――線の漢字の読みがなを書きましょう。

① 子どもたちが我勝ちに走り出す。（われ）
② 就労ビザを取得する。（しゅうろう）
③ 紙を裁断する。（さいだん）
④ 大勢の部下を従える。（したが）
⑤ 恩返しの品をおくる。（おんがえ）
⑥ 腸の調子を整える。（ちょう）
⑦ 牛の臓物を使った料理。（ぞうもつ）
⑧ 肺のレントゲン写真をとる。（はい）

2 □に漢字を書きましょう。

① 細部《さいぶ》にまで気配りする。
② そのことは承知《しょうち》している。
③ 蒸留水《じょうりゅうすい》を作る実験。
④ 残りは処分《しょぶん》してください。
⑤ 会社の就業《しゅうぎょう》時間が変わる。
⑥ この山に神様が降臨《こうりん》した。
⑦ 王子様の従者《じゅうしゃ》になる。
⑧ 小学校時代の恩師《おんし》と再会した。
⑨ 犯罪者をきびしく裁《さば》く。
⑩ 規律《きりつ》正しい生活をする。
⑪ 各国の首脳《しゅのう》がそろう会議。
⑫ 内臓《ないぞう》の病気を調べる。
⑬ 胃薬《いぐすり》を飲む。
⑭ 臨海《りんかい》学校で競泳をする。

教科書 44～45ページ　答え 3ページ

15ページ

1
① 口承されてきた物語を聞く。（こうしょう）
② 適切な処置をする。（しょち）
③ 母に洋裁を教わる。（ようさい）
④ 美しい詩の音律を味わう。（おんりつ）
⑤ 臓器移植の研究が進んでいる。（ぞうき）
⑥ 心肺機能を高める運動。（しんぱい）
⑦ 胃の調子が良くなった。（い）
⑧ 作業を細分化する。（さいぶんか）

2
① 我《われ》をわすれて夢中になる。
② 葉から水分が蒸散《じょうさん》している。
③ 医院で処方《しょほう》せんを受け取る。
④ 新しい船が就航《しゅうこう》する。
⑤ 老いた王が君臨《くんりん》する国。
⑥ 新しい従業員《じゅうぎょういん》を指導する。
⑦ 先生に恩返《おんがえ》しをしたい。
⑧ 肺《はい》に空気を送る。
⑨ 運賃《ちん》が一律《いちりつ》に値《ね》上げされた。
⑩ 脳出血《のうしゅっけつ》の手術を受ける。
⑪ ストレスで小腸《しょうちょう》の病気になる。
⑫ 胃《い》の調子が良い。
⑬ 日本銀行の新しい総裁《そうさい》。
⑭ 古いピアノの調律《ちょうりつ》をする。

16ページ

練習 ぴったり2　漢字の広場① 5年生で習った漢字

1 ――線の漢字の読みがなを書きましょう。

① 新しい家に入居する。（にゅうきょ）
② 桜がさくころに句会を開く。（くかい）
③ ヒマラヤ山脈の地図を見る。（さんみゃく）
④ 新婦を囲んで写真をとる。（しんぷ）
⑤ 水質を調査する。（ちょうさ）
⑥ 航海中の客船が寄港する。（きこう）
⑦ バスが停車する。（ていしゃ）
⑧ 文化財を保護する。（ほご）

2 □に漢字を書きましょう。

① 県境《けんざかい》を流れる川。
② 古くなった家を改築《かいちく》する。
③ 団地《だんち》に住む。
④ 仏像《ぶつぞう》に手を合わせる。
⑤ 明日は燃《も》えるごみの日だ。
⑥ 畑の野菜に肥料《ひりょう》をやる。
⑦ 河口《かこう》から海へ水が流れこむ。
⑧ 台風でこわれた橋を復旧《ふっきゅう》する。
⑨ 図書館で地域の歴史《れきし》を調べる。
⑩ 事故現場を検証《けんしょう》する。
⑪ ここは立ち入り禁止《きんし》だ。
⑫ 火事の原因《げんいん》を調べる。
⑬ 防災《ぼうさい》の意識を高める。
⑭ 博物館までバスで往復《おうふく》した。

教科書 52ページ　答え 3ページ

18ページ

練習 ぴったり2　笑うから楽しい

1 ――線の漢字の読みがなを書きましょう。

① 私服に着替《が》えて出かける。（しふく）
② 二つには密接な関係がある。（みっせつ）
③ 立ち止まって呼吸を整える。（こきゅう）
④ 密談を聞かれてしまった。（みつだん）
⑤ 明日は私用でお休みします。（しよう）
⑥ 精密な機械を製作する。（せいみつ）
⑦ たがいに呼応して動き出す。（こおう）
⑧ 活性炭がにおいを吸着する。（きゅうちゃく）

2 □に漢字を書きましょう。

① あなたは私《わたし》の親友です。
② 東京は人口密度《みつど》が高い。
③ 弟を大きな声で呼《よ》ぶ。
④ 新せんな空気を吸《す》いこむ。
⑤ 大声で名前を連呼《れんこ》する。
⑥ 親密《しんみつ》な関係を築く。
⑦ のどの薬を吸入《きゅうにゅう》する。
⑧ 出席者の点呼《てんこ》をとる。
⑨ 図書室は私語《しご》禁止です。
⑩ それは生活に密着《みっちゃく》した問題だ。
⑪ 寒くて呼気《こき》が白くなる。
⑫ そうじ機でごみを吸引《きゅういん》する。
⑬ それは私《わたくし》どもにお任せください。
⑭ 過密《かみつ》な日程で疲《つか》れる。

教科書 53～55ページ　答え 3ページ

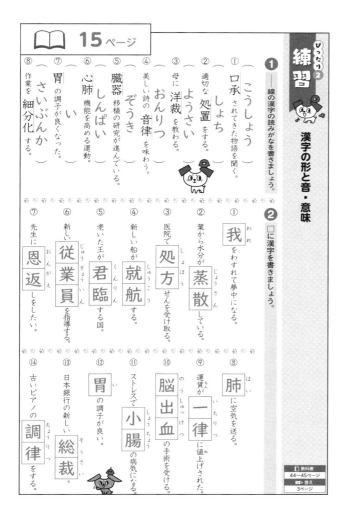

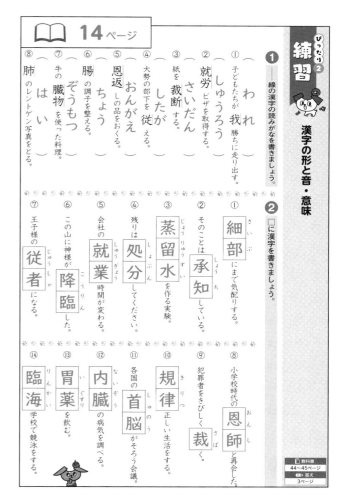

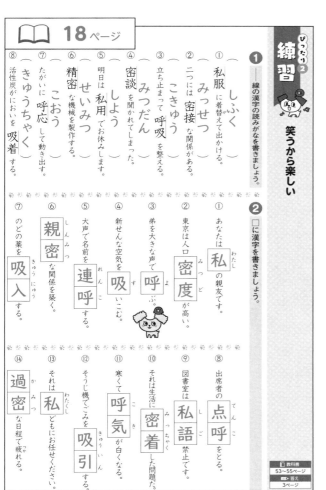

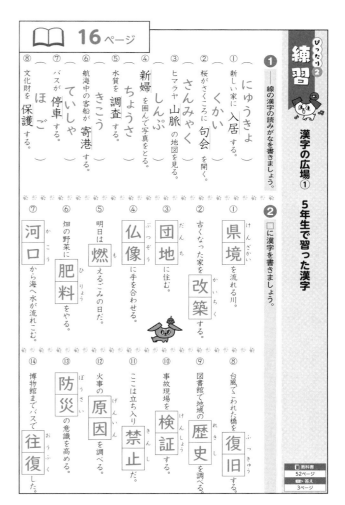

21ページ

練習 ぴったり2　時計の時間と心の時間

1 ——線の漢字の読みがなを書きましょう。

① 弟は火星人の存在を信じている。（そんざい）
② 一刻も早く家に帰りたい。（いっこく）
③ 激動の年月を生きぬく。（げきどう）
④ 簡易ベッドでねる。（かんい）
⑤ 机の上をきれいにする。（つくえ）
⑥ 難事業を成しとげる。（なんじぎょう）
⑦ 姉は半信半疑で話を聞いていた。（はんぎ）
⑧ 心に刻まれた思い出。（きざ）

2 □に漢字を書きましょう。

① 提案についての質疑《しつぎ》応答。
② 勉強机《べんきょうづくえ》に向かう。
③ 難題《なんだい》に取り組む。
④ 自然と共存《きょうぞん》した生活をする。
⑤ 列車の時刻表《じこくひょう》を見る。
⑥ 友人との再会に感激《かんげき》する。
⑦ 簡単《かんたん》に作れる料理。
⑧ 組織の存続《そんぞく》があやぶまれる。
⑨ 耳を疑《うたが》うような話を聞く。
⑩ 風雨が激《はげ》しくなってきた。
⑪ ねぎを細かく刻《きざ》む。
⑫ 頭に疑問《ぎもん》がうかぶ。
⑬ 難《むずか》しい漢字を覚える。
⑭ 冷蔵庫に野菜を保存《ほぞん》する。

教科書 56～64ページ　答え 4ページ

25ページ

練習 ぴったり2　文の組み立て

1 ——線の漢字の読みがなを書きましょう。

① ランチの食券を買う。（しょっけん）
② 居間の障子をとじる。（しょうじ）
③ 空手の流派を立ち上げる。（りゅうは）
④ 要人の警護をする。（けいご）
⑤ 父のお供で買い物に行く。（とも）
⑥ 辞書を本だなに収める。（おさ）
⑦ 市民税を納付する。（のうふ）
⑧ カードの枚数を確かめる。（まいすう）

2 □に漢字を書きましょう。

① 消防署《しょうぼうしょ》を見学する。
② 金銭《きんせん》のやり取りをする。
③ 父は銀行に勤《つと》めている。
④ 諸国《しょこく》をめぐり歩く。
⑤ 券売機《けんばいき》できっぷを買う。
⑥ その方法で支障《ししょう》ありません。
⑦ 立派《りっぱ》な建物が完成した。
⑧ 食材を提供《ていきょう》する。
⑨ 銀行の警備《けいび》をする。
⑩ お地蔵さまにお供《そな》え物をする。
⑪ 新作を宣伝《せんでん》する。
⑫ 水泳教室に指導料を納《おさ》める。
⑬ 布を青く染《そ》める。
⑭ 派手《はで》な服はあまり着ない。

教科書 66～67ページ　答え 4ページ

26ページ

練習 ぴったり2　文の組み立て

1 ——線の漢字の読みがなを書きましょう。

① 会社の人事異動で部署が変わる。（ぶしょ）
② 近所の銭湯に行く。（せんとう）
③ 市役所に勤める。（つと）
④ 旅行先での諸注意を聞く。（しょちゅうい）
⑤ お店で試供品をもらう。（しきょうひん）
⑥ 使用料が未納になっている。（みのう）
⑦ 悪習に染まらないようにする。（そ）
⑧ 判事が有罪を宣告した。（せんこく）

2 □に漢字を書きましょう。

① 入場券《にゅうじょうけん》を買う。
② 兄の愛車が故障《こしょう》する。
③ 賛成派《は》として意見を述べる。
④ 警官《けいかん》が見回りをする。
⑤ けい約書に署名《しょめい》する。
⑥ つり銭《せん》を受け取る。
⑦ 母は市役所に在勤《ざいきん》している。
⑧ 諸君《しょくん》に期待しています。
⑨ 十分な食料を供給《きょうきゅう》する。
⑩ 食物の栄養を吸収《きゅうしゅう》する。
⑪ 書類が三枚《さんまい》足りないようだ。
⑫ 開会を宣言《せんげん》する。
⑬ システムに障害《しょうがい》が発生する。
⑭ 働いて収入《しゅうにゅう》を得る。

教科書 66～67ページ　答え 4ページ

29ページ

練習 ぴったり2　たのしみは／天地《てんち》の文《ふみ》　デジタル機器と私たち

1 ——線の漢字の読みがなを書きましょう。

① 都会で暮らす。（く）
② 深海を探査する。（たんさ）
③ 夜空の星座を見上げる。（せいざ）
④ チョウの幼虫を観察する。（ようちゅう）
⑤ 著名な科学者の講演を聞く。（ちょめい）
⑥ 子どもの学習する権利。（けんり）
⑦ 尊大な態度を反省する。（そんだい）
⑧ 市庁舎は駅のそばにある。（しちょうしゃ）

2 □に漢字を書きましょう。

① 年の暮《く》れの大そうじ。
② 町で花屋を探《さが》す。
③ 空いている座席《ざせき》にすわる。
④ 幼児《ようじ》向けのテレビ番組。
⑤ 本の著者名《ちょしゃめい》を確かめる。
⑥ 基本的人権《じんけん》を守る。
⑦ 尊《たっと》い教えを知る。
⑧ 妹はまだ幼《おさな》い。
⑨ 気象庁《きしょうちょう》発表の天気予報。
⑩ 真理を探究《たんきゅう》する。
⑪ 君は大きな権力《けんりょく》をもっている。
⑫ あなたの立場を尊重《そんちょう》します。
⑬ 夕暮《ゆうぐ》れの空をながめる。
⑭ 旅芸人の一座《いちざ》がやって来る。

教科書 68～81ページ　答え 4ページ

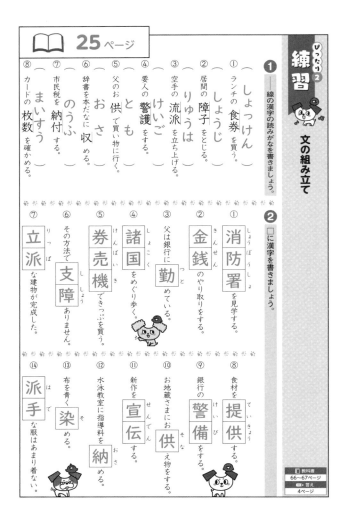

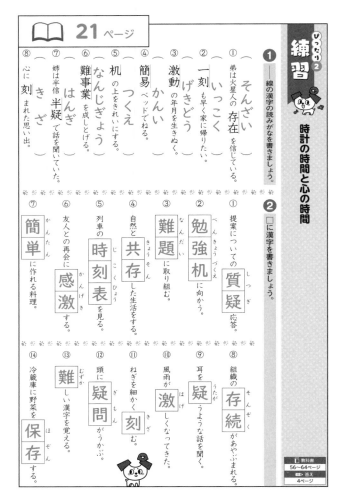

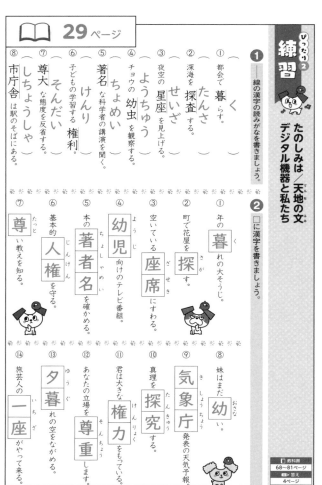

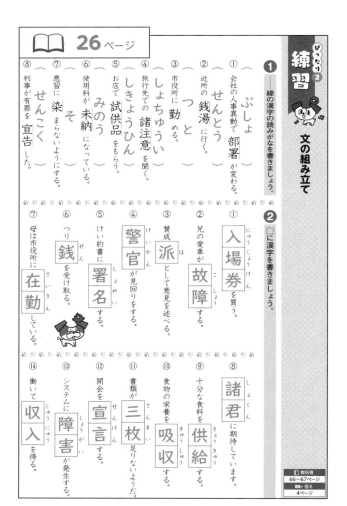

31ページ

練習 ぴったり2 私と本

1 ――線の漢字の読みがなを書きましょう。

① かつらをつけて変装する。（へんそう）
② おじの家に届け物をする。（とど）
③ 川に沿って歩く。（そ）
④ 会員に冊子を配る。（さっし）
⑤ 仮装行列を見物する。（かそう）
⑥ 友達から手紙が届く。（とど）
⑦ 私鉄の沿線で新居を探す。（えんせん）
⑧ 厚い本を分冊して発行する。（ぶんさつ）

2 □に漢字を書きましょう。

① 安全装置《そうち》を取り付ける。
② わすれ物を家まで届《とど》けてもらう。
③ 太平洋の沿岸部《えんがんぶ》。
④ 週刊誌を何冊《なんさつ》も買う。
⑤ 建物の外装《がいそう》工事が終わる。
⑥ 社長の意向に沿《そ》う企画を考える。
⑦ 本だなの上段に手が届《とど》かない。
⑧ 短歌の小冊子《しょうさっし》を作る。
⑨ 花屋の店内を改装《かいそう》する。
⑩ 運動場使用の届《とど》け出をする。
⑪ 駅伝を沿道《えんどう》で見る。
⑫ 月刊誌の別冊《べっさつ》を出版する。
⑬ 登山前に装備《そうび》を点検する。

教科書 84~88ページ　答え 5ページ

34ページ

練習 ぴったり2 星空を届けたい

1 ――線の漢字の読みがなを書きましょう。

① 宇宙船で月に行く夢を見た。（うちゅうせん）
② 作文に誤字がないか見直す。（ごじ）
③ スクリーンの字幕を読む。（じまく）
④ 画家が晩年にかいた絵を見る。（ばんねん）
⑤ 飛行機の模型を作る。（もけい）
⑥ 長女と次男は中学生だ。（じなん）
⑦ 入場者が延べ一万人をこえる。（の）
⑧ 君の意見は論外だ。（ろんがい）

2 □に漢字を書きましょう。

① 昨晩《さくばん》は夜ふかししてしまった。
② 大規模《だいきぼ》な開発が進む。
③ 窓辺《まどべ》で本を読む。
④ マットの上で前方宙《ちゅう》返りをする。
⑤ 父は旅先で俳句《はいく》をよむ。
⑥ 君のことを誤解《ごかい》していた。
⑦ 幕末《ばくまつ》の歴史を勉強する。
⑧ あせったせいで判断を誤《あやま》る。
⑨ あの事件の黒幕《くろまく》がわかった。
⑩ 晩秋《ばんしゅう》の奈良を旅する。
⑪ 花の模様《もよう》が付いたハンカチ。
⑫ 高校の同窓会《どうそうかい》に行く。
⑬ 開園期間が延長《えんちょう》される。
⑭ 話し合って結論《けつろん》を出す。

教科書 89~97ページ　答え 5ページ

35ページ

練習 ぴったり2 星空を届けたい

1 ――線の漢字の読みがなを書きましょう。

① 演出で宙づりになる。（ちゅう）
② 俳人の小林一茶《こばやしいっさ》の研究をする。（はいじん）
③ 事件は幕を閉じた。（まく）
④ 一晩中ねむれなかった。（ひとばんじゅう）
⑤ 模造紙に絵をかく。（もぞうし）
⑥ 天窓から光が差しこむ。（てんまど）
⑦ 運動会が雨で延期になる。（えんき）
⑧ 今回は議論が白熱した。（ぎろん）

2 □に漢字を書きましょう。

① 車窓《しゃそう》の風景を楽しむ。
② 開始時刻を延《の》ばすことにした。
③ 言論《げんろん》の自由が尊重される。
④ 宇宙《うちゅう》開発の事業に参加する。
⑤ あの人の反対は誤算《ごさん》だった。
⑥ 徳川《とくがわ》幕府《ばくふ》の制度を研究する。
⑦ 朝晩《あさばん》の冷えこみがきびしい。
⑧ 私は映画俳優《はいゆう》になりたい。
⑨ この記事は誤報《ごほう》だとわかった。
⑩ プロ野球が開幕《かいまく》する。
⑪ 名画の模写《もしゃ》をする。
⑫ 銀行の窓口《まどぐち》で順番を待つ。
⑬ 質問が多くて授業が延《の》びる。
⑭ おばの三男《さんなん》が高校に入学した。

教科書 89~97ページ　答え 5ページ

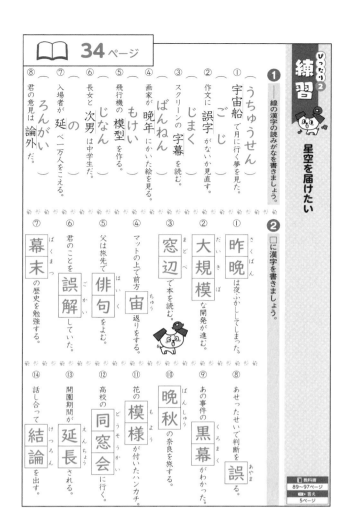

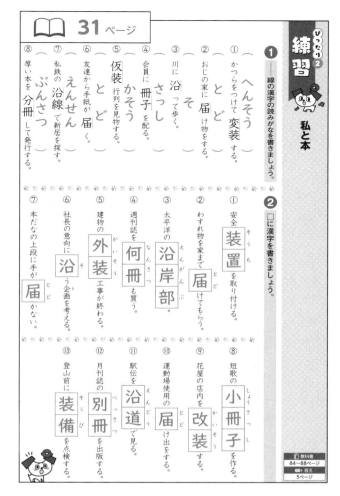

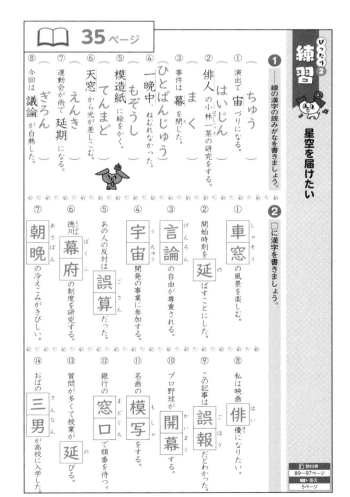

36ページ

夏のチャレンジテスト①

時間30分　／100　合格80点
教科書 25〜97ページ　答え 6ページ

1 ――線の漢字の読みがなを書きましょう。　一つ2点（32点）

①（ごまい）（あら）
五枚のハンカチを洗う。

②（えいが）（なら）
映画のチケットを券売機に並んで買う。

③（ちいき）（の）
地域の夏祭りに延べ二千人が集まった。

④（けいさつしょ）（きんむ）
父は警察署に長いこと勤務している。

⑤（りんじ）（ひぐ）
臨時の仕事で、日暮れまで働く。

⑥（すなば）（す）
砂場のあたりに捨てられたごみを拾う。

※⑥「拾う」もいっしょに覚えておきましょう。

⑦（さくばん）（さが）
昨晩から手帳が見当たらなくて探している。

⑧（おさな）（とど）
幼い弟を背負って、祖父の家に届け物をする。

2 次の漢字の赤い部分は、何画目に書きますか。数字で答えましょう。　一つ2点（10点）

① 俳　三画目
② 域　九画目
③ 供　五画目
④ 就　十画目
⑤ 座　九画目

※それぞれの総画数は次の通り。
①十画
②十一画
③八画
④十二画
⑤十画

37ページ

3 □に漢字を書きましょう。　一つ2点（28点）

※④「異義」と書かないように気をつけましょう。

① 空が赤く染《そ》まる。
② 光が反射《はんしゃ》する。
③ 本を二冊《さつ》借りる。
④ 異議《いぎ》を唱える。
⑤ 責任を立派《りっぱ》に果たす。
⑥ 段階《だんかい》をふんで学ぶ。
⑦ 机《つくえ》の中を整理する。
⑧ 姉は頭脳《ずのう》明せきだ。
⑨ 県庁《けんちょう》所在地
⑩ 客船の模型《もけい》。
⑪ 自分の目を疑《うたが》う。
⑫ 簡潔《かんけつ》に述べる。
⑬ 応急処置《しょち》をする。
⑭ 犬が舌《した》を出している。

4 次の字は、同じ漢字でもそれぞれちがう読み方をします。読みがなを書きましょう。　一つ2点（12点）

①（ぞん）保存　（そん）存在
②（まく）字幕　（ばく）幕末
③（そな）供える　（とも）お供する

※①他に「ぞん」と読む熟語に「温存」「実存」が、「そん」と読む熟語に「存続」などがあります。

5 次の□に、上で示した読み方をする漢字を入れて、熟語《じゅくご》を完成させましょう。　一つ3点（18点）

① シ　ア 視野　イ 雑誌
② サイ　ア 細心　イ 裁判所
③ ナン　ア 次男　イ 難問

38ページ

夏のチャレンジテスト②

時間30分　／100　合格80点
教科書 25〜97ページ　答え 6ページ

1 ――線の漢字の読みがなを書きましょう。　一つ2点（32点）

①（そ）（かくだい）
バス路線に沿って商店街が拡大していった。

②（こと）（はんろん）
「事実とは異なる。」と、反論する。

③（しょぞう）（てんじ）
美術館の所蔵する作品が展示されている。

④（さいばんしょ）（ほうりつ）
裁判所で近代日本の法律について話を聞く。

⑤（ちょさくぶつ）（おさ）
著作物を本だなに収める。

⑥（げっかんし）（いこう）
新しい月刊誌の発行は、来年以降になる。

⑦（じょうき）（じこく）
もうすぐ蒸気機関車が出発する時刻だ。

⑧（あやま）（のうふ）
税金を誤った金額で納付してしまった。

2 次の意味をもつ熟《じゅく》語を、□の漢字を組み合わせて作りましょう。　一つ2点（12点）

一文字目　開　歴　呼　伝　宣　尊
二文字目　大　訪　承　言　幕　吸

① ひどくえらそうに人を見下した態度であること。　尊大
※例文「尊大な物言いをする人。」

② 息をすったりはいたりすること。　呼吸

③ 古くからの話などを、受けついでつたえること。　伝承
※例文「地元の芸能を伝承する。」

④ 主張や信条を広く外部に表明すること。　宣言

⑤ いろいろな土地や人をたずね歩くこと。　歴訪
※例文「日本各地を歴訪する。」

⑥ もよおしものなどが始まること。　開幕

39ページ

3 □に漢字を書きましょう。　一つ2点（28点）

※①「権利」の反対の言葉「義務」も覚えておきましょう。
※②「恩」と「思」は形が似ているので注意しましょう。
※③「就」の右の部分の形に注意しましょう。

① 正当な権利《けんり》が認《みと》められる。
② 恩師《おんし》の教えに従《したが》う。
③ 就職《しゅうしょく》して、定期券《ていきけん》を買う。
④ 星座《せいざ》をながめて、宇宙《うちゅう》に思いをはせる。
⑤ トンネルをぬけると、視界《しかい》が急激《きゅうげき》に開けた。
⑥ 山でマツタケを探《さが》したが、見つけるのは難《むずか》しかった。
⑦ 工場で、部品の製造装置《そうち》が故障《こしょう》する。

4 次の漢字の総画数を漢字で答えましょう。　一つ2点（12点）

① 吸　六画
② 展　十画
③ 蒸　十三画
④ 腸　十三画
⑤ 誤　十四画
⑥ 蔵　十五画

5 次の文から、まちがって使われている漢字をぬき出し、正しい漢字を書きましょう。　上下それぞれ一つ2点（16点）

例 上下《じょうげ》間係《かんけい》がきびしい会社《かいしゃ》。　→　×間　○関
① 弓矢《ゆみや》で的《まと》を謝《い》る。　×謝　○射
② 単準明快《たんじゅんめいかい》な解答《かいとう》を導《みちび》いた。　×準　○純
③ 失敗《しっぱい》して復《はら》を立《た》てても無意味《むいみ》だ。　×復　○腹
④ 浅湯《せんとう》に行《い》って、体《からだ》を清潔《せいけつ》にした。　×浅　○銭

※②以外は同じ部分をもつ漢字です。

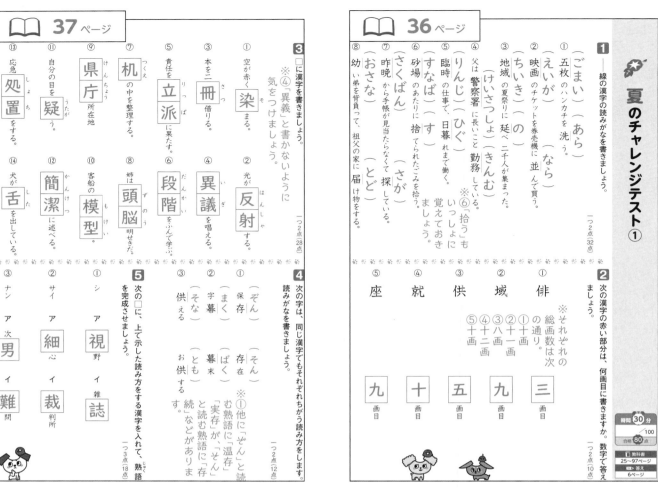

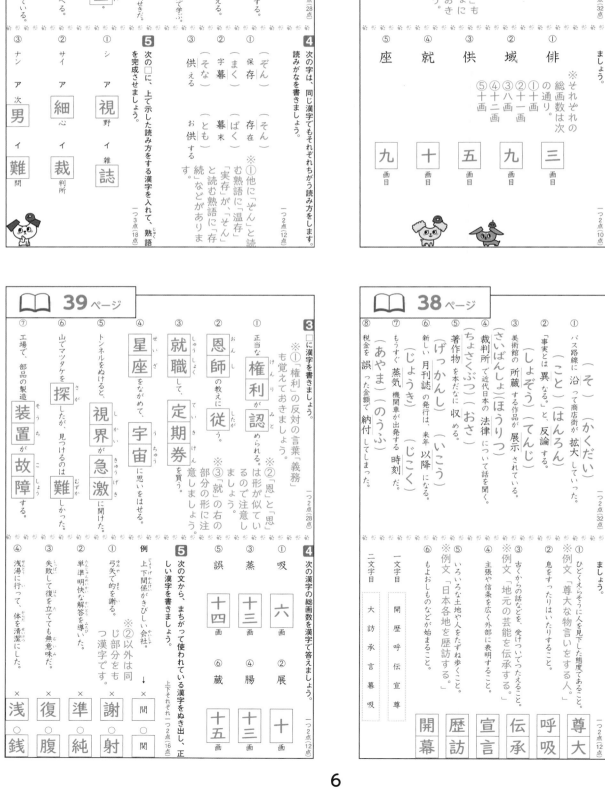

42ページ

ぴったり2 練習

名づけられた葉
インターネットでニュースを読もう
文章を推敲《こう》しよう

1 ―線の漢字の読みがなを書きましょう。

① 森の樹木を調べる。（じゅもく）
② 美術品に高値がつく。（たかね）
③ 第一線から退く。（しりぞ）
④ 厳格な決まりがある。（げんかく）
⑤ 私の夢は俳優になることだ。（はいゆう）
⑥ 大規模開発が推進されている。（すいしん）
⑦ 昔の貴族をえがいた絵画。（きぞく）
⑧ 新しい政策をおし進める。（せいさく）

2 □に漢字を書きましょう。

① 父はとても厳《きび》しい人だ。
② 我々は必ず優勝《ゆうしょう》する。
③ 科学史に残る貴重《きちょう》な発見。
④ 解決策《かいけつさく》が見つかった。
⑤ 元気の源《みなもと》は朝の運動だ。
⑥ こちらをご覧《らん》ください。
⑦ 食料品の値上《ねあ》げが続く。
⑧ 観覧車《かんらんしゃ》に乗る。
⑨ 体重測定の数値《すうち》が気になる。
⑩ 人類の起源《きげん》を調べる。
⑪ 提出期限は厳守《げんしゅ》してください。
⑫ 野球部を引退《いんたい》する。
⑬ 果樹園《かじゅえん》で働く。
⑭ 推理《すいり》小説を読む。

教科書 100～109ページ
答え 7ページ

43ページ

ぴったり2 練習

漢字の広場② 5年生で習った漢字

1 ―線の漢字の読みがなを書きましょう。

① 休日は遊園地が混雑する。（こんざつ）
② はしごを下で支える。（ささ）
③ 学校の規則を守る。（きそく）
④ 絵をピンでしっかり留める。（と）
⑤ 酸味の強いジュースを飲む。（さんみ）
⑥ みそを専《せん》用の容器に入れる。（ようき）
⑦ 仮面をかぶった役者が登場する。（かめん）
⑧ 条件付きで許可してもらう。（じょうけん）

2 □に漢字を書きましょう。

① 立派な銅像《どうぞう》を建てる。
② おやつが少し余《あま》る。
③ 祖父《そふ》の家にとまりに行く。
④ 可能《かのう》な限り努力する。
⑤ スキー用具の貸《か》し出しをする。
⑥ 食事のさそいを断《ことわ》る。
⑦ 順序《じゅんじょ》よく説明する。
⑧ 大勢《おおぜい》で遊びに行く。
⑨ 校内の略図《りゃくず》をかく。
⑩ 似顔絵《にがおえ》をかいてもらう。
⑪ 花びんに入っている水を減《へ》らす。
⑫ 答えを確《たし》かめる。
⑬ 子ども会の会員を増《ふ》やす。
⑭ 二つのりんごの大きさを比《くら》べる。

教科書 110ページ
答え 7ページ

47ページ

ぴったり2 練習

やまなし
イーハトーヴの夢

1 ―線の漢字の読みがなを書きましょう。

① 労働時間を短縮する。（たんしゅく）
② 一尺はおよそ三十センチメートル。（いっしゃく）
③ 揮発性の液体なので注意しよう。（きはつせい）
④ 痛み止めの薬を飲む。（いた）
⑤ 意見を批判された。（ひはん）
⑥ あの会社は若手の社員が多い。（わかて）
⑦ 本を静かに閉じる。（と）
⑧ 祖母は遺族年金を受給している。（いぞく）

2 □に漢字を書きましょう。

① 原寸大《げんすんだい》の模型を作る。
② 指揮者《しきしゃ》を見ながら歌う。
③ 少し頭痛《ずつう》がする。
④ 事故にあったが軽傷《けいしょう》ですんだ。
⑤ 水につかった布が縮《ちぢ》れた。
⑥ 鉄棒《てつぼう》で逆上がりをする。
⑦ 教科書を熟読《じゅくどく》する。
⑧ その事件ならば熟知《じゅくち》している。
⑨ 尺八《しゃくはち》で新しい曲を練習する。
⑩ 門を開閉《かいへい》する。
⑪ 警視庁の遺失物《いしつぶつ》センター。
⑫ 台風が去った翌朝《よくあさ》は晴天だ。
⑬ 祖父の若《わか》いころの写真を見る。
⑭ 傷口《きずぐち》を消毒する。

教科書 111～134ページ
答え 7ページ

48ページ

ぴったり2 練習

やまなし
イーハトーヴの夢

1 ―線の漢字の読みがなを書きましょう。

① 卒業式の翌日に旅行に出発する。（よくじつ）
② オリンピックの閉会式。（へいかいしき）
③ 人の心を傷つけないようにする。（きず）
④ 試合に勝って痛快な気分だ。（つうかい）
⑤ 一位との差を縮める。（ちぢ）
⑥ 木の棒を持ち上げる。（ぼう）
⑦ 熟したメロンを食べる。（じゅく）
⑧ 一寸先も見通せない暗さ。（いっすんさき）

2 □に漢字を書きましょう。

① 図を縮小《しゅくしょう》する。
② 新しい熟語《じゅくご》を覚える。
③ 君は大事な相棒《あいぼう》だ。
④ 洋服の寸法《すんぽう》を測る。
⑤ 音楽の才能を発揮《はっき》する。
⑥ 尺取《しゃくと》り虫がはっている。
⑦ 転んで足を痛《いた》める。
⑧ 祖父の遺産《いさん》を受けついだ。
⑨ 感傷的《かんしょうてき》で物悲しい曲。
⑩ 若葉《わかば》がしげる。
⑪ 店が早く閉《し》まる。
⑫ 映画の批評《ひひょう》を読む。
⑬ 音楽家の遺作《いさく》となった作品。
⑭ 翌週《よくしゅう》の予定を聞いておく。

教科書 111～134ページ
答え 7ページ

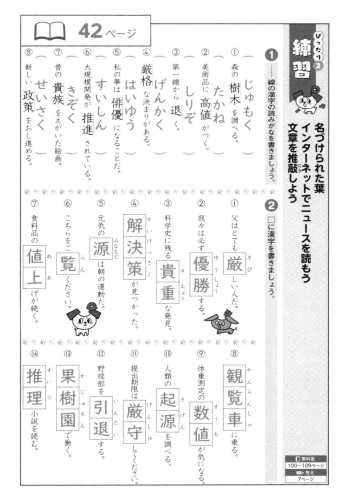

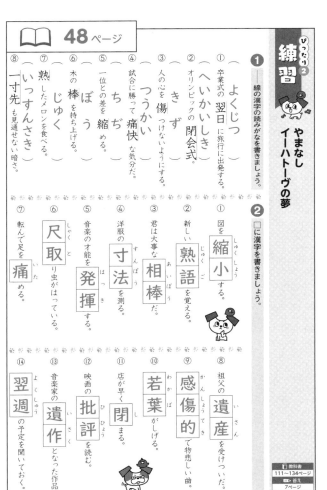

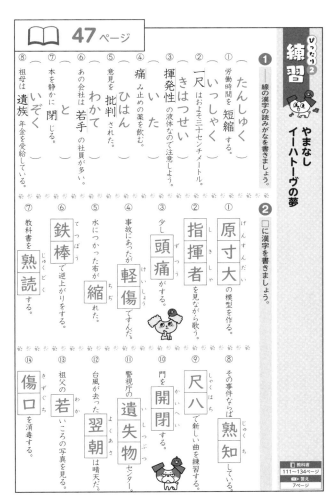

49ページ

練習 ぴったり2

漢字の広場③ 5年生で習った漢字

1 ——線の漢字の読みがなを書きましょう。

① (しょうたいじょう) パーティーの招待状が届く。
② (せいぎ) 正義の味方が主人公の物語を読む。
③ (ひと) 独りで公園へ行く。
④ (きしょう) 気象を観測して暴風雨に備える。
⑤ (ぜつぼう) チームワークの悪さに絶望する。
⑥ (あらわ) 雲にかくれていた月が現れる。
⑦ (はそん) 台風で窓ガラスが破損する。
⑧ (はかば) 夜の墓場の横道を歩く。

2 □に漢字を書きましょう。

① 知らない土地で道に迷《まよ》う。
② 目的地までバスで移動《いどう》する。
③ 庭で犬を飼《か》う。
④ 博識《はくしき》の人の話を聞く。
⑤ 体力の限界《げんかい》を感じる。
⑥ 久《ひさ》しぶりに飛行機に乗った。
⑦ 快適《かいてき》な船旅を楽しむ。
⑧ 親友との再会《さいかい》を喜ぶ。
⑨ 感謝《かんしゃ》の言葉を述べる。
⑩ 険《けわ》しい山道を進む。
⑪ 夢《ゆめ》の中で木から落ちた。
⑫ わからないことを質問《しつもん》する。
⑬ 殺風景《さっぷうけい》な妹の部屋。
⑭ 非常事態《ひじょうじたい》が発生する。

教科書 135ページ　答え 8ページ

53ページ

練習 ぴったり2

熟語の成り立ち

1 ——線の漢字の読みがなを書きましょう。

① (じゅうおう) 犬が庭を縦横にかけ回る。
② (いただ) おじさんから、おみやげを頂く。
③ (ちゅうしん) 王の忠臣とたたえられる。
④ (せいじつ) 誠実な人がらの青年。
⑤ (てき) 味方と敵に分かれて遊ぶ。
⑥ (ようさん) 養蚕がさかんな地方。
⑦ (りこてき) 利己的な考えだと思う。
⑧ (よくぼう) ゲームをしたい欲望をおさえる。

2 □に漢字を書きましょう。

① 泉《いずみ》で水遊びをする。
② 銀河系《ぎんがけい》について調べる。
③ 外国と同盟《どうめい》を結ぶ。
④ 不良品を除外《じょがい》する。
⑤ 母が株式《かぶしき》売買を始めた。
⑥ ボールが顔面《がんめん》に当たる。
⑦ 地上の楽園《らくえん》を夢見る。
⑧ 縦書《たてが》きのノートを使う。
⑨ 山頂《さんちょう》からふもとを見下ろす。
⑩ 友達の忠告《ちゅうこく》を素《す》直に聞く。
⑪ 裏山《うらやま》を散歩する。
⑫ この画集は玉石《ぎょくせき》混交《こんこう》だ。
⑬ 花だんから石を取り除《のぞ》く。
⑭ 仁愛《じんあい》の心を大事にする。

教科書 136~137ページ　答え 8ページ

54ページ

練習 ぴったり2

熟語の成り立ち

1 ——線の漢字の読みがなを書きましょう。

① (じんじゅつ) 医は仁術なり。
② (げんせん) 源泉から清らかな水を引く。
③ (かけいず) 一族の家系図を調べる。
④ (かめい) 国連に加盟する。
⑤ (かくいつてき) 画一的ではない個性のある絵。
⑥ (せんがん) おふろで洗顔をする。
⑦ (ぎょくざ) 新しい王が玉座についた。
⑧ (くらく) 友と苦楽を共にする。

2 □に漢字を書きましょう。

① 列島を南北に縦断《じゅうだん》する。
② 山の頂《いただき》に雪が積もる。
③ お手本を忠実《ちゅうじつ》になぞる。
④ 誠意《せいい》をこめて謝《あやま》る。
⑤ あの人とは敵対《てきたい》したくない。
⑥ 養蚕《ようさん》の技術を学ぶ。
⑦ 不純物を除去《じょきょ》する。

⑧ 森で切り株《かぶ》につまずいた。
⑨ 温泉《おんせん》にゆっくりとつかる。
⑩ 機械の電気系統《けいとう》が故障した。
⑪ 蚕《かいこ》を飼う。
⑫ 自己《じこ》しょうかいをする。
⑬ 今度の試合は楽勝《らくしょう》だ。
⑭ 国語の学習に意欲《いよく》がわく。

教科書 136~137ページ　答え 8ページ

57ページ

練習 ぴったり2

みんなで楽しく過ごすために 伝えにくいことを伝える

1 ——線の漢字の読みがなを書きましょう。

① (ぜんにん) あの人は根っからの善人だ。
② (はん) 四人ごとの班で行動する。
③ (きけん) 危険な場所に立ち入らない。
④ (ひてい) 私の意見は否定された。
⑤ (いた) 公会堂に至る道。
⑥ (きたく) 父の帰宅を待つ。
⑦ (とうぶん) 糖分のとりすぎに注意する。
⑧ (くちょう) 友達の口調をまねる。

2 □に漢字を書きましょう。

① この議題は否決《ひけつ》された。
② 至急《しきゅう》もどってください。
③ 宅配便《たくはいびん》が届く。
④ 善《よ》い行いを心がける。
⑤ 身辺に危機《きき》がせまる。
⑥ 山々の紅葉《こうよう》が美しい。
⑦ 大切にしていた皿が割《わ》れる。

⑧ 姉が口紅《くちべに》をつける。
⑨ 危《あぶ》ない遊びはしません。
⑩ 図書委員の役割《やくわり》を果たす。
⑪ 塩と砂糖《さとう》をまちがえる。
⑫ 異口同音《いくどうおん》
⑬ 善悪《ぜんあく》の区別をつける。
⑭ 班長《はんちょう》に選ばれる。

教科書 140~147ページ　答え 8ページ

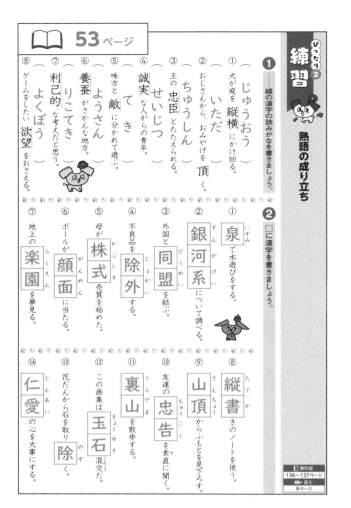

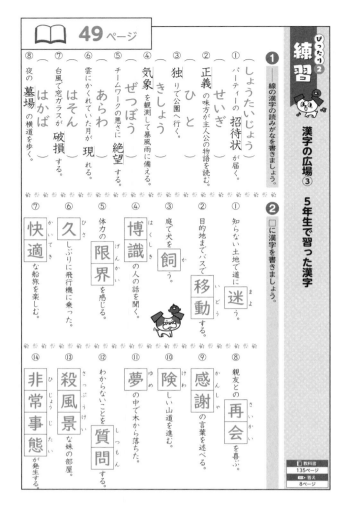

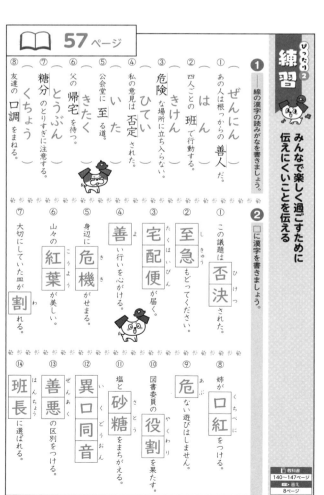

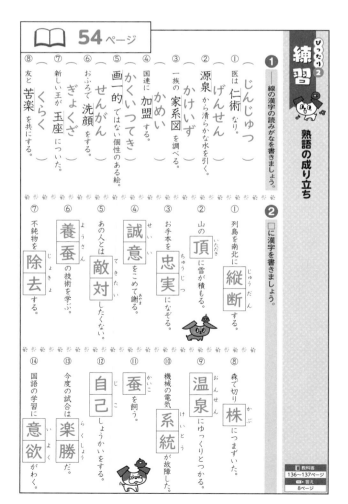

60ページ

ぴったり2 練習

話し言葉と書き言葉／古典芸能の世界 狂言「柿山伏《かきやまぶし》」を楽しもう

1 ——線の漢字の読みがなを書きましょう。

① （たまご） 卵からひよこがかえる。
② （にゅうせいひん） コンビニで乳製品を買う。
③ （つく） 新しい作品を創り出す。
④ （えんそうかい） 演奏会を聞きに行く。
⑤ （こうたん） イエス・キリストの降誕。
⑥ （こん） 失業して貧困に苦しむ。
⑦ （かんか） 看過できない重大なミスだ。
⑧ （そうぎょう） 会社の創業五十年記念式典。

2 □に漢字を書きましょう。

① 今日は私の誕生日《たんじょうび》です。
② 道に迷ってしまい、困《こま》った。
③ 私の父は看護師《かんごし》だ。
④ 朝食に卵焼《たまごや》きを作る。
⑤ 赤ちゃんが母親のお乳《ちち》を吸う。
⑥ 放課後に合奏《がっそう》の練習をする。
⑦ 詩の創作《そうさく》意欲がわく。
⑧ 生卵《なまたまご》をご飯にかける。
⑨ 冷たい牛乳《ぎゅうにゅう》を飲む。
⑩ 新しい文化を創《つく》る。
⑪ ピアノの独奏曲《どくそうきょく》。
⑫ 困難《こんなん》を乗りこえる。
⑬ 発熱した母の看病《かんびょう》をする。
⑭ 前国王の生誕《せいたん》百年を祝う。

教科書 148〜154ページ
答え 9ページ

63ページ

ぴったり2 練習

『鳥獣戯画《ちょうじゅうぎが》』を読む 発見、日本文化のみりょく

1 ——線の漢字の読みがなを書きましょう。

① （すじ） いく筋かの飛行機雲が見える。
② （も） パーティー会場が盛り上がる。
③ （こっかく） しっかりした骨格をしている。
④ （ま） すばらしい演技に舌を巻く。
⑤ （かほう） 高価な焼き物を家宝にする。
⑥ （きょうど） 郷土博物館の展示品を見る。
⑦ （けいご） 先生に敬語を使う。
⑧ （きんにく） 筋肉がたくましい。

2 □に漢字を書きましょう。

① 長編小説の下巻《げかん》を読む。
② 拾った貝を宝物《たからもの》にする。
③ いつか故郷《こきょう》に帰りたい。
④ 物語の筋《すじ》を追う。
⑤ 大盛《おおも》りのご飯を食べる。
⑥ 転んで足の骨《ほね》を折った。
⑦ 年長者を敬《うやま》う。

⑧ 腹筋《ふっきん》をきたえる。
⑨ かごに果実を盛《も》る。
⑩ 遺骨《いこつ》をお墓に納める。
⑪ 絵巻物《えまきもの》が展示される。
⑫ 勝った選手に敬意《けいい》をはらう。
⑬ 異郷《いきょう》でたくましく生きている。
⑭ 国宝《こくほう》の美術品を見る。

教科書 155〜169ページ
答え 9ページ

67ページ

ぴったり2 練習

カンジー博士の漢字学習の秘伝

1 ——線の漢字の読みがなを書きましょう。

① （せいか） 聖火ランナーとして走る。
② （きぬおりもの） 絹織物の工場を見学する。
③ （はいどく） 頂いた手紙を拝読する。
④ （ひさく） 成績アップの秘策を練る。
⑤ （こうてつ） 鋼鉄のようにかたい。
⑥ （そんぼう） チームの存亡をかけた試合。
⑦ （かんがい） 干害で農作物がかれた。
⑧ （がっしゅうこく） アメリカ合衆国

2 □に漢字を書きましょう。

① アパートの家賃《やちん》をはらう。
② 親不孝《おやふこう》な人にはならない。
③ 銀行に預金《よきん》する。
④ 目の前に穀倉《こくそう》地帯が広がる。
⑤ 俵《たわら》に炭をつめる。
⑥ 千里《せんり》の道も一歩から
⑦ 教会の合唱団の聖歌《せいか》を聞く。

⑧ 仏像を拝《おが》む。
⑨ 社長の秘書《ひしょ》を務める。
⑩ 大衆《たいしゅう》の前で歌う。
⑪ 事故による死亡《しぼう》者はいない。
⑫ 洗ったシャツを干《ほ》す。
⑬ 近くの郵便局《ゆうびんきょく》に行く。
⑭ 飼料用穀物《こくもつ》が足りない。

教科書 170〜171ページ
答え 9ページ

68ページ

ぴったり2 練習

カンジー博士の漢字学習の秘伝

1 ——線の漢字の読みがなを書きましょう。

① （ゆうそう） 本を郵送してもらう。
② （ちんぎん） 今月の賃金を計算する。
③ （うめぼし） 弁当に梅干しを入れる。
④ （あず） 兄にお金を預ける。
⑤ （ざっこく） 雑穀は栄養価が高い。
⑥ （こめだわら） 米俵をかつぐ。
⑦ （じゅうにんといろ） 人の好みは十人十色だ。
⑧ （ひぞう） 秘蔵の品を見せてもらう。

2 □に漢字を書きましょう。

① 一里《いちり》は約四キロメートルだ。
② 蚕から絹糸《きぬいと》を取る。
③ 神社に参拝《さんぱい》する。
④ 君の秘密《ひみつ》は守る。
⑤ 建築用の鋼材《こうざい》を運ぶ。
⑥ となりの国に亡命《ぼうめい》する。
⑦ 衆議院《しゅうぎいん》選挙が行われた。

⑧ 神聖《しんせい》な場所を訪《おとず》れる。
⑨ 父に孝行《こうこう》する。
⑩ 友達の荷物を預《あず》かる。
⑪ 米や麦などの穀類《こくるい》。
⑫ すもうの土俵《どひょう》に上がる。
⑬ 母の郷里《きょうり》を訪ねる。
⑭ タクシーの運賃《うんちん》をはらう。

教科書 170〜171ページ
答え 9ページ

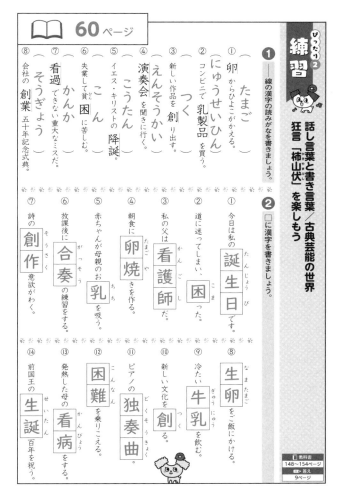

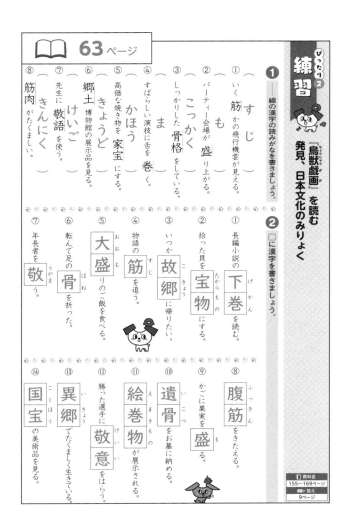

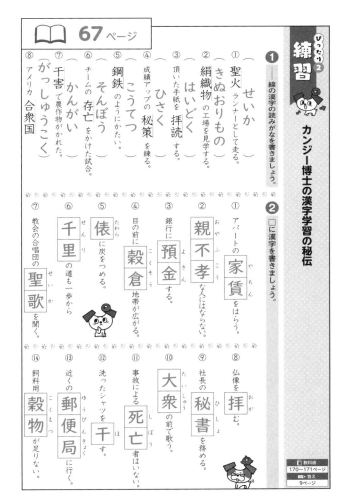

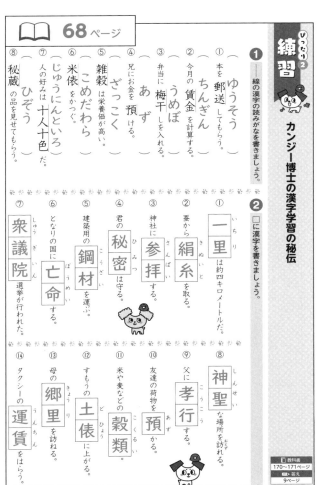

69ページ

ぴったり2 練習

漢字の広場④ 5年生で習った漢字

1 ──線の漢字の読みがなを書きましょう。

①（ぜいきん）税金の使い道を解説する。
②（ぼうえき）貿易問題について報道する。
③（しゅちょう）政治家が自説を主張する。
④（せいかい）クイズに正解して賞品をもらう。
⑤（さんせい）友達の提案に賛成する。
⑥（しどう）作品制作の指導をする。
⑦（こうぶつ）貴重な鉱物が産出された。
⑧（しりょう）会議の資料を準備する。

2 □に漢字を書きましょう。

① 野原にテントを設営《せつえい》する。
② 質素《しっそ》な生活を送る。
③ ステージの長さを測《はか》る。
④ 自分の考えをはっきりと述《の》べる。
⑤ 国語と算数の成績《せいせき》が上がる。
⑥ 会社の利益《りえき》が上がる。
⑦ 石油を輸入《ゆにゅう》する。
⑧ こちらが私の妻《つま》です。
⑨ 俳優のはく真《しん》の演技《えんぎ》。
⑩ コーチの指示《しじ》に従う。
⑪ 逆転《ぎゃくてん》のホームランを打つ。
⑫ 私の先祖は武士《ぶし》です。
⑬ 複数《ふくすう》の人に意見を求める。
⑭ 国際情勢《こくさいじょうせい》を考える。

教科書 172ページ　答え 10ページ

71ページ

ぴったり2 練習

ぼくのブック・ウーマン／おすすめパンフレットを作ろう

1 ──線の漢字の読みがなを書きましょう。

①（わけ）時計をこわした言い訳をする。
②（わす）うれしくて我を忘れる。
③（おんだん）温暖な気候の土地。
④（えいやく）この本は英訳もされている。
⑤（かし）合唱曲の歌詞を考える。
⑥（あたた）この部屋の中は暖かい。
⑦（ものわす）物忘れが増えたと祖母がなげく。
⑧（かし）新曲の歌詞を覚える。

2 □に漢字を書きましょう。

① ストーブに当たって暖《あたた》まる。
② ドイツ語の歌の詞《し》を覚える。
③ 年忘《としわす》れのイベントの企画。
④ 外国文学の著者と訳者《やくしゃ》。
⑤ 忘《わす》れ物を取りに行く。
⑥ 今年は暖冬《だんとう》になりそうだ。
⑦ 訳《わけ》がわからないことを言う。
⑧ 中国語の通訳《つうやく》をする。
⑨ 日本海を北に向かう暖流《だんりゅう》。
⑩ 私の顔を見忘《みわす》れましたか。
⑪ 誠に申し訳《わけ》ございません。
⑫ 暖《あたた》かなコートを着る。
⑬ この歌の作詞《さくし》をした。
⑭ あれは忘《わす》れられない事件だ。

教科書 173〜193ページ　答え 10ページ

72ページ

冬のチャレンジテスト①

1 ──線の漢字の読みがなを書きましょう。　一つ2点（30点）

① 先生はやさしい口調（くちょう）でていねいに批評（ひひょう）してくれた。
② この地域は養蚕（ようさん）がさかんで、絹織物（きぬおりもの）が特産物だ。
③ 三番系統（けいとう）のバスに乗って、温泉（おんせん）地に向かった。
④ 指揮棒（しきぼう）をふって、みごとに合奏（がっそう）をまとめ上げた。
⑤ 博物館で、宝石（ほうせき）の付いた美しい時計を見た。
⑥ その住宅（じゅうたく）は、大きな樹木（じゅもく）のかげに建っていた。
⑦ 祖父の遺産（いさん）には、とても貴重（きちょう）な美術品もあった。
⑧ 看護師（かんごし）が、かん者の傷口を消毒して包帯を巻（ま）く。

2 ──線の平がなを、漢字と送りがなに分けて書きましょう。　一つ3点（21点）

例 演説をおこなう。（行―う）
① 約束をわすれる。（忘―れる）
② 両親をうやまう。（敬―う）
③ 足首をいためる。（痛―める）
④ 差がちぢまる。（縮―まる）
⑤ 室内はあたたかい。（暖―かい）
⑥ 提案をしりぞける。（退―ける）
⑦ お金をあずける。（預―ける）

時間30分　/100　合格80点

教科書 100〜193ページ　答え 10ページ

73ページ

3 □に漢字を書きましょう。　一つ2点（28点）

① 否定的《ひていてき》な意見。
② 皿に料理を盛《も》る。
③ 対象から除外《じょがい》する。
④ 砂糖《さとう》を入れる。
⑤ 至急《しきゅう》の用件。
⑥ 解決策《かいけつさく》
⑦ 協会に加盟《かめい》する。
⑧ 死亡《しぼう》事故を悲しむ。
⑨ 気楽《きらく》に暮らす。
⑩ 家賃《やちん》をはらう。
⑪ 今年で生誕《せいたん》百年だ。
⑫ 画一的《かくいつてき》
⑬ 寸法《すんぽう》を測る。
⑭ 日の出を拝《おが》む。

※⑭「拝」の右部分の横画は四本です。

4 □に漢字を入れて、矢印の上下の言葉が反対の意味になるようにしましょう。　一つ3点（21点）

① 老人 ↕ 若者
② 寒冷 ↕ 温暖《だん》
③ 開ける ↕ 閉《し》める
④ 公開 ↕ 秘《ひ》密
⑤ 横 ↕ 縦《たて》
⑥ 悪人 ↕ 善《ぜん》人
⑦ 容易 ↕ 困《こん》難

※次の熟語もいっしょに覚えておきましょう。
②寒暖 ③開閉 ⑤縦横 ⑥善悪

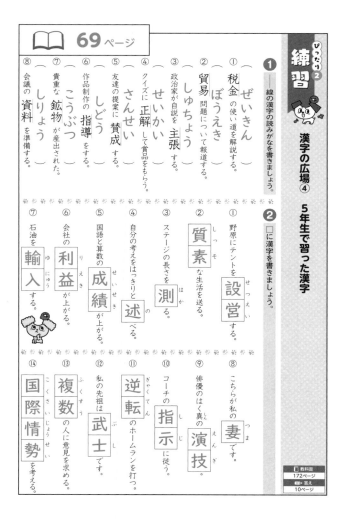

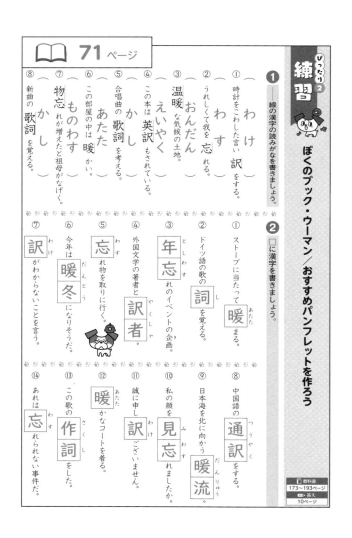

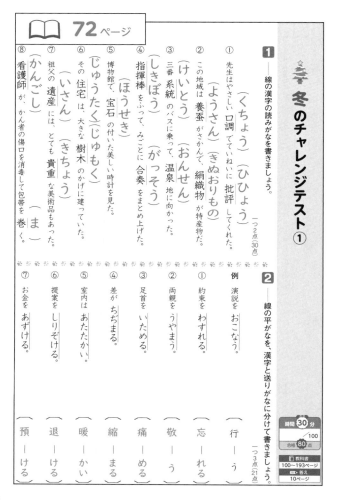

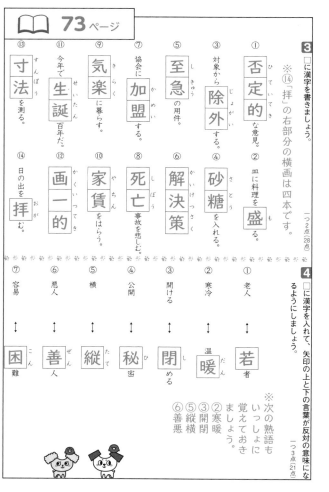

74ページ

冬のチャレンジテスト②

時間30分　/100　合格80点

教科書 100〜193ページ　答え 11ページ

1 ――線の漢字の読みがなを書きましょう。　一つ2点(30点)

① 山頂で弟と大きな切り株にすわる。（さんちょう）（かぶ）
② 仁愛の心をもって、尊敬の念をもつ。（じんあい）（そんけい）
③ 「利己的だ」と家族から忠告を受けた。（りこてき）（ちゅうこく）
④ 厳しい寒さでかぜをひいたようで、頭痛がする。（きび）（ずつう）
⑤ 祖父は、すでに会社を退職している。（たいしょく）
⑥ 翌日の野球の試合の対戦相手は強敵だった。（よくじつ）（きょうてき）
⑦ 母は毎年、梅干しを作って郷里に送っている。（うめぼ）（きょうり）
⑧ 著名な遺伝子研究の論文を英語に訳した。（いでんし）（やく）

2 次の漢字の部首名を、平がなで書きましょう。　一つ3点(24点)

例 花（くさかんむり）
① 宝（うかんむり）
② 推（てへん）
③ 熟（れんが）
④ 困（くにがまえ）
⑤ 俵（にんべん）
⑥ 郵（おおざと）
⑦ 割（りっとう）
⑧ 忠（こころ）

※それぞれの部首は次の通り。
①「宀」②「扌」③「灬」④「囗」⑤「亻」⑥「阝」⑦「刂」⑧「心」

※③は「れっか」でも正解。

75ページ

3 □に漢字を書きましょう。　一つ2点(28点)

① ステージであがってしまい、歌詞《かし》を忘《わす》れた。
※①「歌詩」は誤りです。
② 若手《わかて》の俳優《はいゆう》の特集記事を読む。
③ 善良《ぜんりょう》な人々がクリスマスの聖歌《せいか》をうたう。
④ 絵巻物《えまきもの》は日本文化の源《みなもと》のひとつだ。
⑤ 温泉地《おんせんち》を宣伝する看板《かんばん》を立てた。
⑥ 父は鋼材《こうざい》をあつかう会社を創業《そうぎょう》した。
⑦ 尺八《しゃくはち》のすばらしい演奏《えんそう》を聞いた。

4 次の□に漢字を入れて、四字熟語を完成させましょう。(②は同じ漢字が入ります。)　一つ3点(18点)(②は二つで3点)

① 異口《く》同音
(多くの人が、同じように言うこと。)
※例文「全員が異口同音に賛成した。」
② 誠《せい》心誠《せい》意
(正直で、真面目に相手に接する心。)
※例文「誠心誠意力をつくします。」
③ 厳《げん》正中立
(公正でかたよらない立場を守ること。)
※例文「厳正中立な立場に立つ。」
④ 縦《じゅう》横無尽《じん》
(自分の思うままに行う様子。)
※例文「縦横無尽のかつやくをする。」
⑤ 玉《ぎょく》石混交
(すぐれたものとつまらないものが混ざりあっていること。)
※「ぎょくせきこんこう」と読みます。
⑥ 針《しん》小棒《ぼう》大
(小さなことを大げさに言うこと。)
※例文「針小棒大なことばかり言う。」

77ページ

ぴったり2 練習　詩を朗読してしょうかいしよう／知ってほしい、この名言　日本の文字文化

1 ――線の漢字の読みがなを書きましょう。

① 明朗快活な青年だ。（めいろう）
② あの人の言葉に胸を打たれた。（むね）
③ 部屋の片付けをする。（かた）
④ 詩の朗読会を開く。（ろうどくかい）
⑤ 祝賀会の来ひんに胸章を渡《わた》す。（きょうしょう）
⑥ 秋の清朗な天気。（せいろう）
⑦ 片仮名《かな》で表記する。（かた）

2 □に漢字を書きましょう。

① 物語を朗読《ろうどく》する。
② 希望で胸《むね》がふくらむ。
③ 駅から片道《かたみち》十二分です。
④ 朗報《ろうほう》に喜ぶ。
⑤ 胸囲《きょうい》を測ってシャツを買う。
⑥ これは片手《かたて》で持つには重い。
⑦ 試合に出て度胸《どきょう》をつける。
⑧ 胸像《きょうぞう》でデッサンの練習をする。
⑨ 工事で片側《かたがわ》通行になる。
⑩ 姉が胸中《きょうちゅう》を打ち明けた。
⑪ 片方《かたほう》の手ぶくろをなくした。
⑫ 不明朗《ふめいろう》な会計を正す。
⑬ 兄は胸筋《きょうきん》をきたえている。

教科書 196〜202ページ　答え 11ページ

78ページ

ぴったり2 練習　漢字の広場⑤　5年生で習った漢字

1 ――線の漢字の読みがなを書きましょう。

① 職務をきちんと果たす。（しょくむ）
② 夕刊で消費税の記事を読む。（しょうひぜい）
③ 小麦粉の価格を調べる。（こむぎこ）
④ おじは眼科の医師です。（がんか）
⑤ 精米した米を貯蔵する。（ちょぞう）
⑥ 寒いので厚着をする。（あつぎ）
⑦ 血液型に興味がある。（きょうみ）
⑧ 花びんの下に綿織物をしく。（めんおりもの）

2 □に漢字を書きましょう。

① 芸術の本を豊富《ほうふ》にそろえる。
② 半額セールが評判《ひょうばん》の店。
③ 本の領収書《りょうしゅうしょ》をもらう。
④ 話し合いの最後に決を採《と》った。
⑤ 百円均一《きんいつ》の店。
⑥ この薬は、よく効《き》く。
⑦ 係員が応対《おうたい》してくれる。
⑧ 清潔《せいけつ》な洋服を着る。
⑨ 弁当《べんとう》を布《ぬの》で包む。
⑩ 個性的な版画《はんが》作品。
⑪ 祖母は編《あ》み物が得意だ。
⑫ 衛生《えいせい》のため消毒をする。
⑬ 店員が接客《せっきゃく》をする。
⑭ 犯罪防止《はんざいぼうし》に努める。

教科書 204ページ　答え 11ページ

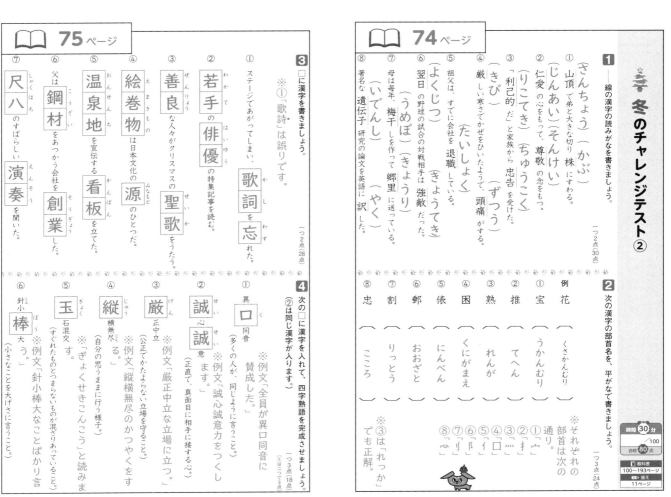

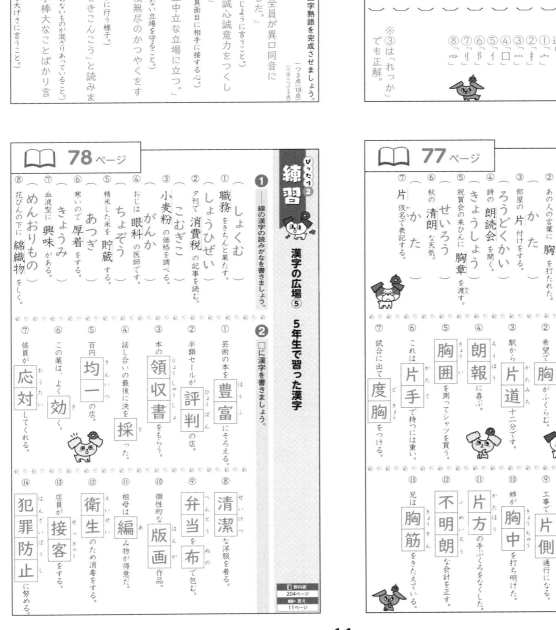

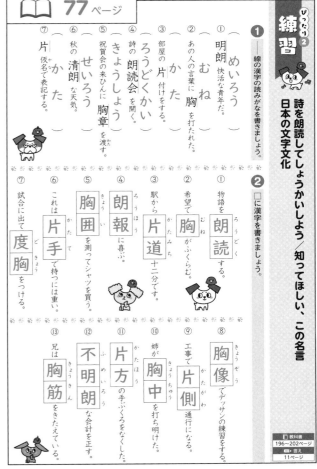

82ページ

練習 ぴったり2
「考える」とは／使える言葉にするために

1 ——線の漢字の読みがなを書きましょう。

① （げきだん）劇団が公演を行う。
② （しゅしょう）野球部の主将になった。
③ （こうしつ）皇室にゆかりのある宿。
④ （りっけん）日本は立憲民主主義の国だ。
⑤ （せいとう）政党の政策を比べてみる。
⑥ （た）黒い幕が垂れ下がっている。
⑦ （なんそう）パイ生地《きじ》が何層にも重なっている。
⑧ （こうごうへいか）皇后陛下の写真を見る。

2 □に漢字を書きましょう。

① 京都で金閣寺《きんかくじ》を見る。
② 日本国憲法《けんぽう》について学ぶ。
③ 天皇《てんのう》陛下にお会いする。
④ 英会話が劇的《げきてき》に上達する。
⑤ 子どもの将来《しょうらい》に期待する。
⑥ 磁石《じしゃく》で砂鉄を集める。
⑦ 内閣《ないかく》総理大臣

⑧ 姉が演劇部《えんげきぶ》に入った。
⑨ 高層《こうそう》ビルを見上げる。
⑩ 宗教《しゅうきょう》団体
⑪ 政治の改革《かいかく》を進める。
⑫ がけで地層《ちそう》の観察をする。
⑬ 定規で垂直《すいちょく》な線を引く。
⑭ フランス革命《かくめい》の歴史を学ぶ。

教科書 205〜216ページ 答え 12ページ

83ページ

練習 ぴったり2
「考える」とは／使える言葉にするために

1 ——線の漢字の読みがなを書きましょう。

① （げきじょう）新しい劇場で上演する。
② （ぶしょう）戦国時代の武将たち。
③ （けんしょう）憲章に署名する。
④ （かっか）大統領閣下をたたえる。
⑤ （えんかく）学校の沿革の資料を読む。
⑥ （かいしゅう）キリスト教に改宗する。
⑦ （た）つり糸を池に垂らす。
⑧ （じば）強い磁場ができている。

2 □に漢字を書きましょう。

① 市民憲章《けんしょう》を読む。

② 姉が演劇部《えんげきぶ》に入った。
③ 雨垂《あまだ》れの音がする。
④ 社会的地位の高い階層《かいそう》。
⑤ 弟が寸劇《すんげき》で人を笑わせる。
⑥ 将軍《しょうぐん》の銅像が建っている。
⑦ 友人と皇居《こうきょ》周辺を走る。
⑧ 党派《とうは》をこえて協力する。
⑨ 皇太后《こうたいごう》が君臨する国。
⑩ 宗教《しゅうきょう》について学ぶ。
⑪ 天守閣《てんしゅかく》を見上げる。
⑫ 金属が磁気《じき》を帯びる。
⑬ 社会が変革期《へんかくき》に入った。
⑭ 野党《やとう》の議員が質問する。

教科書 205〜216ページ 答え 12ページ

87ページ

練習 ぴったり2
大切にしたい言葉／今、私は、ぼくは 海の命

1 ——線の漢字の読みがなを書きましょう。

① （じょうそう）幼いころの情操教育は大切だ。
② （ほきゅう）補給物資が届く。
③ （わふくすがた）あの人の和服姿は美しい。
④ （とうろんかい）討論会は白熱した。
⑤ （せんねん）学業に専念する。
⑥ （しおどき）転職の潮時を待つ。
⑦ （あな）スコップで穴をほる。
⑧ （ふる）大事な試合を前にして奮い立つ。

2 □に漢字を書きましょう。

① 準備体操《たいそう》をする。
② 建物を補強《ほきょう》する。

③ 会長選挙に立候補《りっこうほ》する。
④ 会場の案内を担当《たんとう》する。
⑤ 正しい姿勢《しせい》を保つ。
⑥ 活発に討議《とうぎ》する。

⑦ 専用《せんよう》の工具で修理する。
⑧ 実家は専業《せんぎょう》農家です。
⑨ 干潮《かんちょう》の浜《はま》辺で貝をとる。
⑩ 社長が新事業の指針《ししん》を示す。
⑪ 庭に穴《あな》をほり、木を植える。
⑫ 灰色《はいいろ》のコートを着る。
⑬ 選手たちが奮起《ふんき》する。
⑭ 急いで用事を済《す》ませる。

教科書 221〜246ページ 答え 12ページ

88ページ

練習 ぴったり2
大切にしたい言葉／今、私は、ぼくは 海の命

1 ——線の漢字の読みがなを書きましょう。

① （せっそう）節操がないのは困ります。
② （かたん）そのたくらみに加担した。
③ （ようし）心も容姿も美しい人。
④ （ついとう）反逆者の追討を命じる。
⑤ （まんちょう）満潮の時間をむかえる。
⑥ （はりがね）太い針金を折り曲げる。
⑦ （はいざら）灰皿を片付ける。
⑧ （ず）全商品が売約済みとなる。

2 □に漢字を書きましょう。

① 秒針《びょうしん》がチクタクと動く。
② 飛行機を操縦《そうじゅう》する。
③ 火山灰《かざんばい》が降り積もる。
④ 野球の試合を見て興奮《こうふん》した。
⑤ 新学期になって発奮《はっぷん》する。
⑥ 事故にあった人々を救済《きゅうさい》する。
⑦ 板に穴《あな》をあけて工作をする。
⑧ 説明不足を補《おぎな》う。
⑨ 家族で分担《ぶんたん》してそうじをする。

⑩ 担任《たんにん》の先生と面談する。
⑪ 声だけ聞こえて姿《すがた》が見えない。
⑫ 旅行計画の検討《けんとう》を重ねる。
⑬ プログラミングを専門《せんもん》に学ぶ。
⑭ クジラが潮《しお》をふく。

教科書 221〜246ページ 答え 12ページ

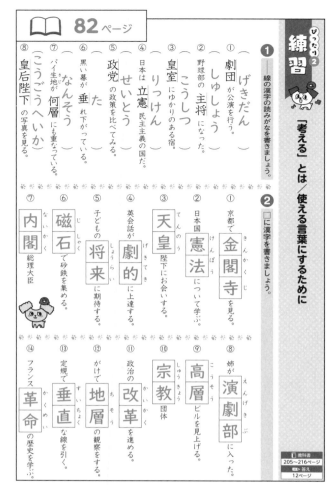

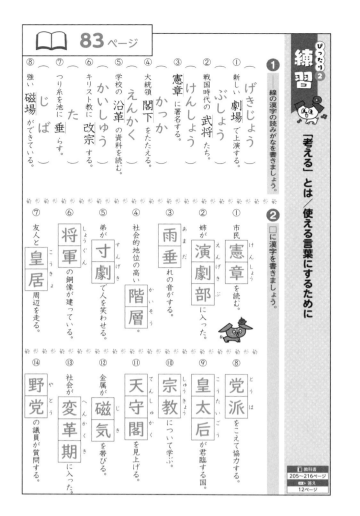

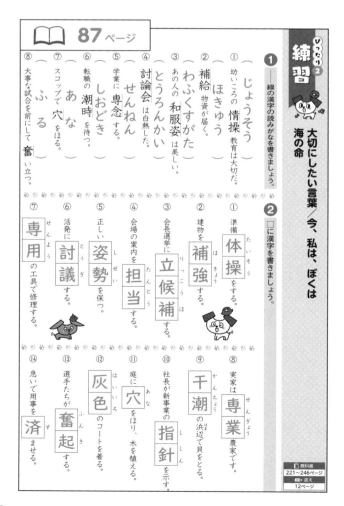

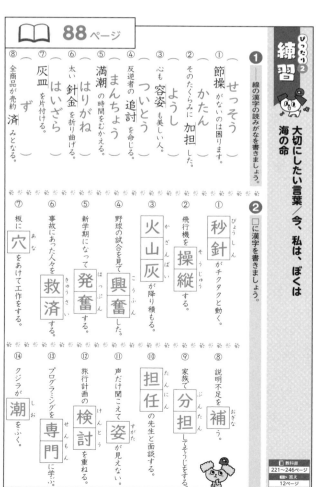

89ページ

練習 ぴったり2

漢字の広場⑥ 5年生で習った漢字

教科書 247ページ
答え 13ページ

1 ――線の漢字の読みがなを書きましょう。

① 在校生が 講堂 に集まる。（こうどう）
② 編集 作業の基本を学ぶ。（へんしゅう）
③ 校庭に 桜 の花びらがまう。（さくら）
④ チームの 総力 をあげて戦う。（そうりょく）
⑤ 永久 に変わらない友情をちかう。（えいきゅう）
⑥ 対戦チームに 圧勝 する。（あっしょう）
⑦ 紀行文 の構成を考える。（きこうぶん）
⑧ みんなの意見を 統一 する。（とういつ）

2 □に漢字を書きましょう。

① 大志《たいし》を抱《いだ》く。
② 新幹線《しんかんせん》で京都へ行く。
③ 私は算数が得意《とくい》だ。
④ 修学《しゅうがく》旅行の思い出を語る。
⑤ 真面目に授業《じゅぎょう》を受ける。
⑥ 自分の行動に責任《せきにん》をもつ。
⑦ 早起きの習慣《しゅうかん》をつける。
⑧ いろいろなことを経験《けいけん》する。
⑨ クラス全員で団結《だんけつ》する。
⑩ 恩師《おんし》に感謝する。
⑪ 卒業証書《しょうしょ》を受け取る。
⑫ 姉はテニス部に所属《しょぞく》している。
⑬ 効率《こうりつ》の良い製造過程。
⑭ そうじが終わった報告《ほうこく》をする。

90ページ

春のチャレンジテスト①

時間 30分
100
合格 80点
教科書 196～246ページ
答え 13ページ

1 ――線の漢字の読みがなを書きましょう。 一つ2点（20点）

① 強い 磁力 がある。（じりょく）
※③「垂」は「垂直」などの熟語にも使われます。字の形に注意しましょう。
② 天皇陛下 が外国を訪問される。（てんのうへいか）
③ 湖に張った氷の 穴 に長いつり糸を 垂 らした。（あな）（た）
※⑤「宗務」とは宗教上の事務の仕事のことです。
④ 国会で 改革案 が提出される。（かいかくあん）
⑤ 大寺院の 宗務 を任されている。（しゅうむ）
※⑥「胸がいっぱいになる」は、喜びや感動、悲しみなどで心が満たされる、という意味です。
⑥ 喜びで 胸 がいっぱいになった。（むね）
⑦ 早いうちに宿題を 済 ます。（す）
⑧ 歴史の 専門家 といっしょに京都の 銀閣寺 の庭を歩く。（せんもんか）（ぎんかくじ）

2 次の□に、上で示した読み方をする漢字を入れて、熟語を完成させましょう。 一つ2点（20点）

① ショウ　ア 将来の夢　イ 社会保障制度
② フン　ア 粉末スープ　イ 奮起する
③ トウ　ア 政党の代表　イ 統一する
④ ケン　ア 保険をかける。　イ 日本国憲法
⑤ サイ　ア 救済措《そ》置　イ 国際連盟

3 次の――線の部分が、他の二つとちがう読み方をする熟語を選んで、その読み方を書きましょう。 一つ2点（12点）

例　ア 文章　イ 文句　ウ 文学　（イ）（もん）
①　ア 風潮　イ 潮風　ウ 干潮　（イ）（しお）
②　ア 方針　イ 長針　ウ 針金　（ウ）（はり）
③　ア 姿勢　イ 容姿　ウ 着物姿　（ウ）（すがた）

91ページ

4 □に漢字を書きましょう。 一つ2点（20点）

① 新しい劇場《げきじょう》ができる。
② 試合の前に気力を奮《ふる》い立たせる。
③ 長い討議《とうぎ》の末に結論が出た。
④ 会計係を担当《たんとう》する。
⑤ 階段を補強《ほきょう》する。
⑥ 海軍の将校《しょうこう》。
⑦ 明朗《めいろう》に答える。
⑧ 体操服《たいそうふく》
⑨ 片手《かたて》で持つ。
⑩ 表層《ひょうそう》なだれ

※①「劇」は字の形に注意。十五画で書きます。
※③「討議」と書かないようにしましょう。
※⑤「補」は、四画目と十二画目の点を忘れないように。

5 次の漢字の赤い部分は、何画目に書きますか。数字で答えましょう。 一つ2点（12点）

① 専　六 画目
② 革　九 画目
③ 垂　三 画目
④ 陛　五 画目
⑤ 済　十一 画目
⑥ 磁　十二 画目

※②「革」の「廿」は、「一→十→廾→廿」と書きます。

6 次の文から、まちがって使われている漢字をぬき出して、正しい漢字を書きましょう。 一つ2点（16点）

① 皇合陛下《こうごうへいか》が北海道《ほっかいどう》を訪問《ほうもん》された。　× 合　○ 后
② 火山炭《かざんばい》がふもとの町《まち》に降《ふ》る。　× 炭　○ 灰
※「炭」は、「タン・すみ」と読みます。
③ 内各総理大臣《ないかくそうりだいじん》の演説《えんぜつ》を聞《き》く。　× 各　○ 閣
④ 庭《にわ》に深《ふか》い六《あな》をほって、宝物《たからもの》をうめた。　× 六　○ 穴

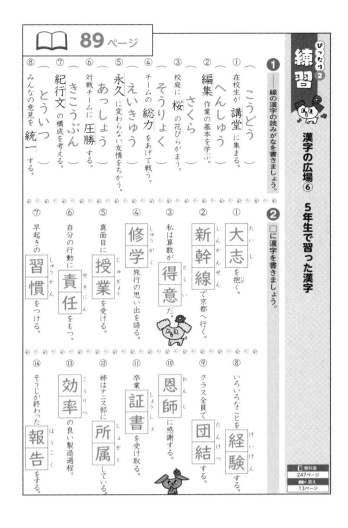

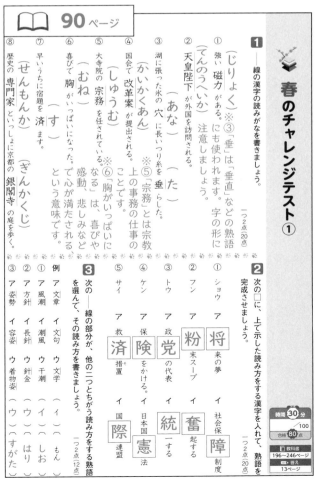

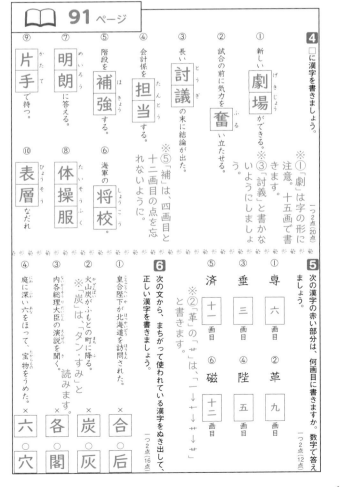

92ページ

春のチャレンジテスト②

時間30分　／100　合格80点
教科書 196〜246ページ
答え 14ページ

1 ――線の漢字の読みがなを書きましょう。　一つ2点(30点)

① 大潮(おおしお) の日にサーフィンをする。
※①「大潮」とは、最も潮の干満の差が大きいことです。

② 犬がほった 穴(あな) にうっかり 片方(かたほう) のくつを落とす。

③ 仏閣(ぶっかく) について調べる 担当(たんとう) になる。

④ 二大 政党(せいとう) について 検討(けんとう) する。

⑤ けがで欠場する 主将(しゅしょう) の穴を全員で 補(おぎな) う。

⑥ 姿勢(しせい) を正しくして 操縦(そうじゅう) しよう。

⑦ お祝いに 大層(たいそう) なごちそうを 奮発(ふんぱつ) する。
※⑦「大層」はとても、たいへん、という意味。

⑧ 基本方針(きほんほうしん) がつい先ほど 閣議(かくぎ) 決定された。

2 次の意味をもつ熟語を、□の漢字を組み合わせて作りましょう。　一つ2点(12点)

① 重要で根本的なことを定めて宣言したもの。　憲章

② 明るい内容の知らせ。うれしい知らせ。　朗報
※読みは「ろうほう」です。

③ 商品やサービスに対する支はらいが終わること。　決済

④ 一つの会社や団体とだけ、けい約していること。　専属

⑤ 物事を進めるうえでたよりとなるもの。　指針
※「指針を定める」のように使います。

⑥ 水平面、地平面に対して直角の方向にあること。　垂直

一文字目　朗　垂　指　専　憲　決
二文字目　属　済　章　針　直　報

93ページ

3 □に漢字を書きましょう。　一つ2点(22点)

① 美術館で 宗教画《しゅうきょうが》 を見る。

② 三角形の頂点から底辺に 垂線《すいせん》 を引く。

③ 友人の 胸中《きょうちゅう》 を察する。
※③「胸中」とは、心に思っていることや考え、という意味。

④ 強い 電磁波《でんじは》。

⑤ 灰色《はいいろ》 の空。

⑥ 革命《かくめい》 の記念日。

⑦ 手続きを 済《す》 ます。

⑧ 姉の晴れ着 姿《すがた》。

⑨ 喜劇《きげき》 俳優になる。

⑩ 天皇陛下《てんのうへいか》

⑪ 専用《せんよう》 列車に乗る。

4 次の漢字の部首名を、平がなで書きましょう。　一つ3点(24点)

例 花 (くさかんむり)

① 討 (ごんべん)　② 操 (てへん)

③ 補 (ころもへん)　④ 将 (すん)

⑤ 閣 (もんがまえ)　⑥ 針 (かねへん)

⑦ 片 (かた)　⑧ 潮 (さんずい)

※⑧「氵(さんずい)」は、水に関する漢字に使われます。

5 次の□に、上で示した読み方をする漢字を入れて、熟語を完成させましょう。　一つ2点(12点)

① カク　ア 変革　イ 拡大

② シュウ　ア 就職　イ 宗派

③ コウ　ア 乗降　イ 皇太子

これで小学校で習う漢字はすべて学習しましたね。

学力診断《しんだん》テスト①

名前　　月　日

時間 30分

合格80点　／100

答え 15ページ

1 ――線の漢字の読みがなを書きましょう。 一つ1点(25点)

① 展覧会（てんらんかい）で、お気に入りの絵を探（さが）す。
② 養蚕（ようさん）業がさかんな町を訪問（ほうもん）する。
③ 卵（たまご）を使ったごく簡素（かんそ）な料理を作る。
④ 潮（しお）の香りのする海辺を散策（さんさく）する。
⑤ 熟（じゅく）したサクランボを果樹園（かじゅえん）で食べた。
⑥ 郷里（きょうり）に行くため、明晩（みょうばん）から留守にします。
⑦ 批判（ひはん）されても誠意（せいい）をもって対応する。
⑧ 肺呼吸（はいこきゅう）の生き物についての調査を済（す）ませる。
⑨ 通訳（つうやく）について学んだ恩師（おんし）を、終生敬（うやま）う。
⑩ 大雨警報（けいほう）が夜になって解除（かいじょ）される。
⑪ 皮革（ひかく）製品を売っている店で値段（ねだん）をきく。
⑫ 数々の困難（こんなん）を経て、優勝（ゆうしょう）することができた。

2 □に漢字を書きましょう。 一つ1点(25点)

① 消灯時刻《じこく》を過ぎても、話が盛《も》り上がる。
② まだ補欠《ほけつ》だが、成長株《せいちょうかぶ》の選手。
③ 細心《さいしん》の注意をはらい、指示に従《したが》う。
④ エンジン装置《そうち》から異様《いよう》な音がする。
⑤ 布を染《そ》めたところ、少し縮《ちぢ》んだ。
⑥ 腹《はら》が立ち、興奮《こうふん》して我《われ》を忘れる。
⑦ 次男《じなん》の話は筋道《すじみち》が通っている。
⑧ 分担《ぶんたん》して、ごみを捨《す》てる。
⑨ 悲劇《ひげき》をあつかった映画《えいが》をみる。
⑩ 針《はり》の穴《あな》に糸を通す。
⑪ 翌日《よくじつ》のバスの運賃《うんちん》を調べる。
⑫ 心臓《しんぞう》の悪い病人を看護《かんご》する。

➡裏にも問題があります。

3 次の――線の平がなを、漢字と送りがなに分けて書きましょう。 一つ1点(6点)

① 会社につとめる。（勤―める）
※×務める
② あぶない橋をわたる。（危―ない）
※×危い
③ かれの言葉をうたがう。（疑―う）
※「疑い」「疑う」と覚えましょう。
④ 自分がやったとみとめる。（認―める）
※×認る
⑤ 大家族でくらす。（暮―らす）
⑥ 日差しがあたたかい。（暖―かい）
※「温かい」とのちがいに気をつけましょう。

4 次の□に共通して入る漢字を書きましょう。 一つ1点(6点)

① 役□・□り算・□り当て　割
② □比べ・□景・□中　背
※せいくらべ・はいけい・せなか
③ 車を□りる・雪が□る・□参　降
※お-りる・ふ-る・こうさん
④ □幕・□じる・□まる　閉
※へいまく・と-じる・し-まる
⑤ 絵□物・全二十□・舌を□く　巻
⑥ お□を連れる・□給・花を□える　供
※⑥「そな-える」は、神仏にさしあげる、という意味です。

5 次の漢字の中で、他の三つと総画数がちがうものを選び、その漢字と総画数を書きましょう。 一つ1点(6点)

		漢字	総画数
①	処　冊　片　庁	片	四画
	※他は五画。		
②	亡　己　干　尺	尺	四画
	※他は三画。		
③	閣　聖　障　誤	聖	十三画

6 次の漢字の赤い部分は、何画目に書きますか。数字で答えましょう。 一つ1点(6点)

① 域　十一画目
※この「、」は最後に書きます。
② 若　四画目
※「右」も横画より左ばらいを先に書きます。
③ 敵　六画目
④ 承　六画目
※総画数は八画です。
⑤ 臨　七画目
⑥ 骨　四画目
※丨→冂→冂→冂→冎→冎→骨→骨→骨

7 次の□に、上で示した読み方をする漢字を入れて、熟語を完成させましょう。 一つ2点(26点)

① コウ
ア 皇室
イ 紅白
ウ 鋼鉄
エ 親孝行

② セン
ア 専門
イ 開会宣言
ウ 温泉
エ 洗面器
オ 銭湯

③ シュウ
ア 収入
イ 宗教
ウ 就職
エ 衆議院

学力診断《しんだん》テスト②

6年 漢字のまとめ

学力診断《しんだん》テスト②

名前　　月　日

時間 30分

合格80点　／100

答え 16ページ

1 ――線の漢字の読みがなを書きましょう。　一つ1点(25点)

① 好きな作家の遺作（いさく）となった推理（すいり）小説を読む。

② 楽器ごとの班（はん）に分かれて、演奏会（えんそうかい）の練習をする。

③ 券売機（けんばいき）がいきなり故障（こしょう）した。

④ 貴重（きちょう）な体験談を冊子（さっし）にまとめる。

⑤ 念願だった大仏を拝（おが）んで、とても感激（かんげき）する。

⑥ 電気系統（けいとう）のシステムを操作（そうさ）する。

⑦ 派生（はせい）した問題は、枚挙（まいきょ）にいとまがない。

⑧ 新しいものを創作（そうさく）するために力を発揮（はっき）する。

⑨ 県庁（けんちょう）の相談窓口（まどぐち）に一時間並（なら）ぶ。

⑩ 学者が地層（ちそう）のでき方について意欲的（いよくてき）に調べる。

⑪ 憲法（けんぽう）では、個人の尊重（そんちょう）がうたわれる。

⑫ 厳（きび）しい運命とたたかう若者（わかもの）が主人公の物語。

2 □に漢字を書きましょう。　一つ1点(25点)

① 二国間の同盟《どうめい》が締《てい》結に至《いた》る。

② 注射《ちゅうしゃ》のあとが傷《きず》になる。

③ こわれた模型《もけい》を処分《しょぶん》する。

④ 二つの政党《せいとう》が討論《とうろん》を行う。

⑤ 著名《ちょめい》な作家が誕生《たんじょう》して百年だ。

⑥ 大通り沿《ぞ》いの店で買い物をして帰宅《きたく》する。

⑦ 権利《けんり》を主張したが、否定《ひてい》された。

⑧ 穀物《こくもつ》を燃やして灰《はい》をつくる。

⑨ 月刊誌《げっかんし》が郵送《ゆうそう》で届《とど》く。

⑩ 学校の机《つくえ》の中にノートを忘《わす》れる。

⑪ 江戸《えど》幕府《ばくふ》の将軍《しょうぐん》は十五人だ。

⑫ 宇宙《うちゅう》に行くのが幼《おさな》いころからの夢です。

➡裏にも問題があります。

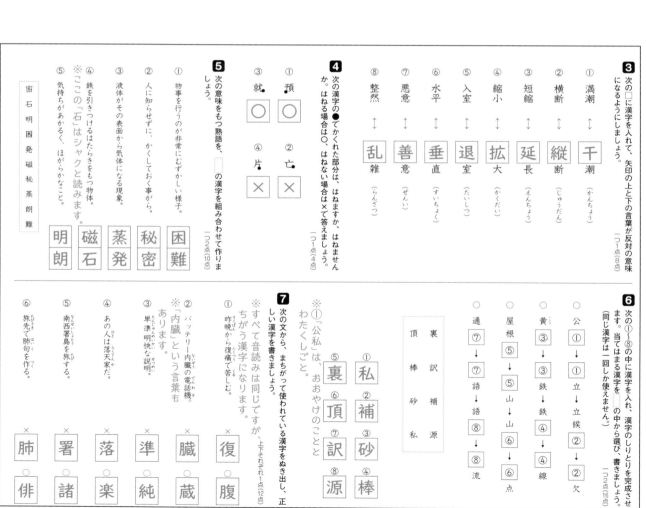

3 次の□に漢字を入れて、矢印の上と下の言葉が反対の意味になるようにしましょう。　一つ1点(8点)

① 満潮 ↕ 干潮（かんちょう）

② 横断 ↕ 縦断（じゅうだん）

③ 短縮 ↕ 延長（えんちょう）

④ 縮小 ↕ 拡大（かくだい）

⑤ 入室 ↕ 退室（たいしつ）

⑥ 水平 ↕ 垂直（すいちょく）

⑦ 悪意 ↕ 善意（ぜんい）

⑧ 整然 ↕ 乱雑（らんざつ）

4 次の漢字の●でかくれた部分は、はねますか、はねませんか。はねる場合は○、はねない場合は×で答えましょう。　一つ1点(4点)

① 預 ○

② 亡 ×

③ 就 ○

④ 片 ×

5 次の意味をもつ熟語を、□の漢字を組み合わせて作りましょう。　一つ2点(10点)

① 物事を行うのが非常にむずかしい様子。　困難

② 人に知らせずに、かくしておく事がら。　秘密

③ 液体がその表面から気体になる現象。　蒸発

④ 鉄を引きつけるはたらきをもつ物体。　磁石
※ここの「石」はシャクと読みます。

⑤ 気持ちがあかるく、ほがらかなこと。　明朗

密　石　明　困　発　磁　秘　蒸　朗　難

6 次の①～⑧の中に漢字を入れ、漢字のしりとりを完成させます。当てはまる漢字を□の中から選び、書きましょう。(同じ漢字は一回しか使えません。)　一つ2点(16点)

○ 公 → ① → ①立 → 立候 → ② → ②欠

○ 黄《こう》 → ③ → ③鉄 → 鉄 → ④ → ④線

○ 屋根 → ⑤ → ⑤山 → 山 → ⑥ → ⑥点

○ 通 → ⑦ → ⑦語 → 語 → ⑧ → ⑧流

裏　訳　補　源　頂　棒　砂　私

① 私　② 補　③ 砂　④ 棒　⑤ 裏　⑥ 頂　⑦ 訳　⑧ 源

※①「公私」は、おおやけのこととわたくしごと。

7 次の文から、まちがって使われている漢字をぬき出し、正しい漢字を書きましょう。　上下それぞれ1点(12点)

※すべて音読みは同じですが、ちがう漢字になります。

① 昨晩《さくばん》から復痛《ふくつう》で苦《くる》しむ。　×復　○腹

② バッテリー内臓《ないぞう》の電話機《でんわき》。　×臓　○蔵
※「内臓」という言葉もあります。

③ 単準明快《たんじゅんめいかい》な説明《せつめい》。　×準　○純

④ あの人《ひと》は落天家《らくてんか》だ。　×落　○楽

⑤ 南西署島《なんせいしょとう》を旅《たび》する。　×署　○諸

⑥ 旅先《たびさき》で肺句《はいく》を作《つく》る。　×肺　○俳

漢字クイズ

1 ①映 ②展 ③域 ④演

2 ①射 ②訪 ③存 ④難

3 ①刻 ②密 ③呼 ④激

4 ①給 ②幹 ③義 ④張 ⑤臓 ⑥暑

5 ①阝 ②訁 ③釒 ④扌

6 ①裏 ②善 ③縮 ④危 ⑤降 ⑥純

7 ①イ ②イ ③ア ④ア ⑤イ ⑥ア ⑦イ ⑧イ ⑨ア ⑩イ

8 ①ア ②イ

9 ①希 ②発 ③点 ④賛 ⑤善 ⑥備

10 ①ア ②オ ③エ ④イ ⑤ウ